旅游景区

规划与服务管理创新研究

包仁菊 ◎ 著

九州出版社
JIUZHOUPRESS

图书在版编目（CIP）数据

旅游景区规划与服务管理创新研究 / 包仁菊著. --
北京 ： 九州出版社，2021.7
　　ISBN 978-7-5225-0341-7

　　Ⅰ．①旅… Ⅱ．①包… Ⅲ．①旅游区－风景区规划－
研究②旅游服务－研究 Ⅳ．①F590

　　中国版本图书馆CIP数据核字(2021)第149826号

旅游景区规划与服务管理创新研究

作　　者	包仁菊　著	
责任编辑	王丽丽	
出版发行	九州出版社	
地　　址	北京市西城区阜外大街甲35号（100037）	
发行电话	（010）68992190/3/5/6	
网　　址	www.jiuzhoupress.com	
电子信箱	jiuzhou@jiuzhoupress.com	
印　　刷	三河市天润建兴印务有限公司	
开　　本	787毫米×1092毫米　16开	
印　　张	11.25	
字　　数	151千字	
版　　次	2021年7月第1版	
印　　次	2021年7月第1次印刷	
书　　号	ISBN 978-7-5225-0341-7	
定　　价	50.00元	

前　言

　　旅游景区是旅游资源集中地，吸引着来自各个地方的游客。随着我国旅游业的发展，旅游景区也进入快速发展的阶段。旅游景区不仅数量增多，类型多样，设施也逐渐完善。任何一个景区开发建设前，应当编制旅游景区的总体规划方案。旅游景区规划是指为了科学保护和合理开发各项资源、有效经营和科学管理旅游景区，充分发挥景区资源价值面进行的各项旅游要素的统筹部署和具体安排。根据规划的内容及深度不同，将旅游景区规划分为不同的层次。

　　旅游景区是旅游业的核心要素，是旅游产品的主体成分，是旅游产业链中的中心环节，旅游消费的吸引中心，也是旅游产业面的辐射中心。旅游景区服务人员素质的高低，服务水平的好坏，直妾影响了旅游者对景区的印象和自身的旅游感受。因此，提高服务工作在旅游景区各项工作中的位置，发现服务人员存在的不足并加以修正，创新服务人员的管理制度，可以有效提高旅游景区品牌形象和景区的经济效益、社会效益及生态效益。现代的旅游景区集吃、住、行、游、购、娱于一体，为游客提供了综合性旅游创新服务。游客对旅游景区的评价影响着旅游景区的收益情况，旅游景区的服务质量影响着游客对旅游景区印象，因此，旅游景区要紧抓服务接待及管理，关注游客对景区的满意度。

　　鉴于此，著者撰写了《旅游景区规划与服务管理创新研究》一书。本书从旅游景区定义与分类、旅游景区特性与作用、旅游景区规划管理创新模式这几方面切入，重点论述旅游景区规划的理论支持、旅游景区规划建设与项目规划、旅游景区服务与质量管理体系构建、旅游景区游客观光服务管理创新、旅游景区商业配套服务管理创新等内容。

本书结构严谨，内容翔实，通俗易懂。本着务实、求新与开拓的精神，在总结、研究、提炼的基础上，结合相关案例对旅游景区规划进行系统性探究，具有一定的应用价值。

著者在撰写本书的过程中，得到了许多专家学者的帮助和指导，在此表示诚挚的谢意。由于著者水平有限，加之时间仓促，书中所涉及的内容难免有疏漏之处，希望各位读者多提宝贵意见，以便著者进一步修改，使之更加完善。

目　录

第一章　旅游景区规划概述

　　旅游是综合性产业，是拉动经济发展的重要动力。旅游景区是我国旅游业发展的重要基础，它既是旅游业的重要组成部分和旅游市场的核心，也是旅游创收的重要来源和我国旅游业形象的重要体现。本章主要围绕旅游景区定义与分类、旅游景区特性与作用、旅游景区规划管理创新模式展开论述。

第一节　旅游景区定义与分类

一、旅游景区的定义

旅游景区是旅游业的重要组成部分，作为一种旅游产品，其功能是供游人游览、娱乐。我们通常将食、住、行、游、购、娱作为旅游业的六要素，其中，娱、游二要素与旅游景区直接相关，食、住、行、购等要素与旅游景区的关系也比较密切。目前，学术界和旅游界对"旅游景区"尚无严格定义。

广义的旅游景区即旅游目的地。拥有旅游资源的地方，旅游者乐于光顾的地方，就可以称之为旅游景区。狭义的旅游景区则是一个有组织机构管理的旅游资源区域，即旅游景区是以旅游及其相关活动为主要功能或主要功能之一的空间或地域。其具有参观游览、休闲度假、康乐健身等功能，具备相应旅游服务设施并提供相应旅游服务的独立管理区。拥有必要的服务设施才能为旅游者提供相应的服务产品。❶

---

❶ 王昆欣，牟丹 . 旅游景区服务与管理（第 3 版）[M]. 北京：旅游教育出版社，2018：2-8，104-114.

二、旅游景区的分类

对旅游景区进行分类，有助于了解旅游景区的性质，提高旅游景区的管理效率和服务水平。按照不同的分类标准，旅游景区有多种分类方法。第一，按旅游景区质量等级分类，可分为 AAAAA 级、AAAA 级、AAA 级、AA 级、A 级共五个等级；第二，按景区的主导功能分类，可分为观光类、度假类、科考类和游乐类旅游景区；第三，按旅游资源属性分类，可分为自然类旅游景区、人文类旅游景区、主题公园类旅游景区和社会类旅游景区；第四，按旅游资源类型体系分类，可分为两大类，即自然景观类和人文景观类。❶

根据中国文化和旅游部于 2020 年 6 月发布的《中华人民共和国文化和旅游部 2019 年文化和旅游发展统计公报》数据显示，2019 年我国 A 级旅游景区数量已达到 12402 个，实现旅游收入 5065.72 亿元，我国 A 级旅游景区的发展态势整体向好。同时，从 5A 级景区的发展数量来看，2019 年江苏省以 24 个蝉联榜首。

（一）自然景观类旅游景区

以自然景观为主的景区称为自然景观类旅游景区。自然景观主要包括山水风景、气象气候、植物动物等。自然景观是在一定的地域环境中形成的自然景观单元，如地球岩石圈表面形成山川、峡谷、溶洞、奇石等地质地貌旅游景观；水圈形成海洋、江河、湖泊、飞瀑、流泉等水文水景旅游景观；大气圈形成有风雨、雷电、冰雪等气象气候旅游景观；生物圈内有数以万计的动植物及其繁衍进化演

---

❶ 冯晓兵.旅游景区经济联系和空间结构特征分析 [J].国土资源科技管理，2020，37（5）：48-58.

变形成的生物类旅游景观等。

1. 自然资源的基础

地球的内营力是决定海陆分布、岩浆活动、地势起伏等的地球内能，地球内能对自然旅游景观形成具有一定的控制作用。从全球地质构造和地壳结构来看，地壳可分为洋壳、陆壳、过渡型地壳。构造活动带有六大板块、二十多个小板块，各个板块构造的不同部位有不同的地质动力作用，形成不同的自然景观。如太平洋板块与亚欧板块的俯冲带，形成火山与地震活动较强的阿留申群岛—日本群岛—琉球群岛—菲律宾群岛岛弧带，这是以海洋、岛屿、火山、温泉等自然景观为主的旅游区。印度板块与亚欧板块的碰撞，形成青藏高原，是以高山冰川为主要景观的旅游区。

2. 水域风光

地球表面的水体有海洋、冰川、河流、湖泊、瀑布、涌泉等多种类型。它们与地质、地貌、气候、植被等因素相结合，形成丰富的水域风光旅游景观。海洋的中心部分为洋，边缘部分为海。陆地边缘形成滨海旅游资源，海洋内部形成珊瑚礁、海洋生物及海火、海光等海洋奇景。河流既是重要的构景素材，又是刻画地表形态的主要动力。在同一条河流的上、中、下游河段，由于不同的水文特征，造成江河源头神秘莫测，上中游峡谷众多，下游河汊纵横、河网密布，特色迥然不同。在河流流经的不同地球景观带形成了不同的地貌和景观各异的风景走廊。

如在亚洲中部的高原地区，大江大河呈放射状向四方奔流入海，形成高山峡谷、丘陵与平原、湖泊与洼地等自然景观。在美洲西部，科迪勒拉山系迫近太平洋，入海河流均比较短小，而东部地形开阔，在五大湖区形成尼亚加拉、安赫尔等世界著名的大瀑布旅游区。另外，地表洼地积水而成的湖泊、地下水出露而成的温泉和矿泉等也都是重要的水域景观。

3. 天象气候景观

气候对旅游资源中风景地貌的塑造、风景水体的形成、观赏生物的生长和演变，有着控制性的影响。地球表面气候的差异，首先取决于太阳辐射由于太阳辐射强度具有随纬度升高而减弱的趋势，导致高低纬度之间分别形成冰原带到热带雨林带等对比明显的自然景观，成为重要的旅游资源；其次，海陆分布、地貌形态和大气环流对大气能量和水汽的输送与交换产生巨大影响，从而形成气候的区域性差异和不同的自然景观，如同处在北温带，近海地区为阔叶林旅游景观，而远离海洋的内陆却形成干旱荒漠旅游景观；最后，地表局部抬升（山地）导致气候要素（气温和降水）发生垂直向上的变化，形成随高度而变化的立体自然旅游景观。

4. 生物景观

生物是地球表面有生命物体的总称，大量的古生物，因地质环境的变迁而灭绝，其遗体或遗迹保存在地层中，成为重要的旅游资源。部分动植物，在特定的条件下生存下来，成为再现古地理环境和研究古生物演变的"活化石"，如大熊猫、银杏、水杉等，并成为重要的观赏性动植物。为保护这些珍稀动植物而建立的各类自然保护区，已成为科学研究和旅游开发的重要场所。

（二）人文景观类旅游景区

以人文景观为主的景区称为人文景观类旅游景区。人文景观的成因可归于以下方面：

1. 历史遗存

随着现代旅游活动的日益兴盛，历史文化古迹成为旅游者外出旅游的动机之一。众多的古人类遗迹遗址、古代建筑、雕塑、壁画、文学艺术、伟大工程、帝王陵寝、名人故居等，成为重要的旅游资源，许多地方凭借文物古迹的强大吸引力成为人们游览的热点。

例如，"北京猿人"遗址和陕西半坡遗址遗物，将人类文明的历史追溯到距今几十万年以前，因其对了解人类进化和社会发展具有重大意义而一直备受关注；历史上许多工程浩大的陵墓，如我国的秦始皇陵、明代十三陵，印度的泰姬陵，埃及的金字塔，建筑恢宏，文物价值极高，为众多猎奇寻古者所向往；被誉为"石头史书"的建筑，是最能反映时代风俗和文化特点的实体，也是旅游活动的中心，如城墙、堡垒、楼阁、殿堂、桥塔、亭榭等，都是重要的旅游资源；再如石碑、雕刻、水利工程、古都城等历史遗存，名人活动和生活过的地方，重大历史事件的遗址遗迹，也都以其独特的价值成为重要的旅游景观。

2. 社会文化差异

社会文化差异的形成，是文化地域分工的必然结果。文化是人类创造的，也是现实存在的人与文化，或者说人与其生活方式，总是分布于一定的地理空间范围内。

世界上存在着多种文化，这些文化对其所在的地理环境产生着不同程度的影响。由于文化本身是一个涵盖面很广的概念，社会文化差异也具有十分丰富的内涵。无论是不同民族间在生产方式、生活习俗（民居、饮食、服饰等）、民族礼仪、歌舞盛会、节日庆典等方面的差异，不同国家和地区人们（不管民族相同或不同）在生活习惯、生产方式乃至城镇布局、建筑风格等方面的差异，都是极具特色和价值的旅游资源。❶

---

❶ 蔡伟斌. 从景观生态学的角度看自然风景区旅游资源规划 [J]. 国土与自然资源研究，2003，（1）: 62-64.

第二节　旅游景区特性与作用

一、旅游景区的特性

（一）旅游景区的整体性

旅游景区的整体性是建立在旅游资源整体性基础上的。在自然旅游资源中，整体性的特征表现得较为明显，它们都植根于共同的地学基础。西北地区的层层黄土、荒漠和气候，形成了独特的动植物水象景观；而南方众多的瀑布、溪流，又和森林植被、种类繁多的珍稀动物及适宜的气候共存于一体。即使小的系统和范围也是一样。一个地方的旅游资源虽然有其自身的特点和优势，但总是多种资源的组合和群体存在，少部分是单一存在的。如海南三亚海滨旅游胜地是沙滩、阳光、大海、绿色、空气以及特有的热带作物等多种自然旅游资源要素的共生并存体。

人文旅游资源与自然旅游资源相同，任何一个地区只要有人类活动，就会凝结不同时期社会文明的各种积淀和产物。不论是遗存下来的，或是后来创造的，都同样并存着互相影响和互有联系的建筑、民俗、文化和艺术。自然旅游资源与人文旅游资源之间也存在着一定的内在联系。在特定时空条件下的自然环境，形成了独具特色的天然景观，并产生了与之相应的地方民族文化。

例如，从世界大系统看，非洲的热带环境孕育了非洲人民热烈奔放的民族气质，形成了雄壮奔放的自然、人文景观；而东亚的温带环境滋养了东亚人民刚柔相济的民族性格，形成壮秀互渗的自然、人文景观。从小系统的中国看，西部、北方多高山峻岭、草原荒漠，自然景观粗犷厚实，人文景观雄壮阳刚、古朴浓重；而江南地区温暖湿润，山清水秀，草木葱郁，由此孕育的人文景观风格精巧细腻、阴柔秀美。这种自然、人文旅游资源的统一美反映了资源本身的整体性特征。它是历史长河中各种因素相互影响、相互适应、相互渗透的结果。认识旅游景区的整体性特征，对于旅游景区的开发、建设和保护都具有重大的意义。

第一，在旅游景区的开发建设中，必须正确处理自然景观与人文景观的相互关系，做到建筑与环境协调一致、人文与自然融合统一。任何开发建设都必须在保持已有整体性的基础上发扬光大，而不允许割裂它们的内在联系，更不得随意破坏。

第二，整体性的特征为保护风景旅游资源提供了科学依据。若旅游地森林资源大面积遭到破坏，最终将改变水资源的时空分配，从而加剧整个生物资源结构的变化，以致改变整个旅游社会环境和自然生态系统。其他社会人文旅游资源遭到破坏的后果也一样。这种连锁式的反应，是由资源的整体性所决定的。因此，必须注意和重视旅游资源及环境的整体与个别的保护。

（二）旅游景区的可创性

旅游景区的可创性是指旅游景区可以根据人们的意愿和自然规律进行创造、制作而再生、再现的。可创性是旅游景区的重要特征。为了吸引游客，各地纷纷挖掘甚至创造一些旅游吸引物，例如上海市虽然既无名山秀水，又无著名历史遗迹，但现在每年到上海旅游的海外游客数较多，并且成为国内华东旅游线的重要城市之一。这与上海旅游业有较好的定位与开拓密切相关。上海将自身定位为都市型旅游城市，其特色是集都市风光、都市文化和都市商业为一体。在旅游资源开拓方面，主要做了以下工作：一是充分利用人文资源和经济中心城市的优势；二是充分发挥城市新景观的作用；三是充分发挥城市综合服务功能，积极发展商贸、物流、金融、服务业、旅游业。

（三）旅游景区的地域性

地域性表现在旅游资源所在地域的相对固定上，一旦被移植，其特有的内涵即发生变化。例如：法国巴黎著名的埃菲尔铁塔的现代美征服了各界人士，成了巴黎甚至法国的象征。近年来主题公园在我国逐渐盛行，将欧美著名景点汇集在一起的各种公园较多，如北有京城的"世界公园"，南有深圳的"世界之窗"，虽然埃菲尔铁塔被一再复制在这些主题公园内，但游人是不可能体会到站在巴黎仰望铁塔的感受。因此，旅游资源具有相对固定的地域特性。

认识和理解地域性对旅游景区的开发利用具有较为重要的意义。旅游景区开发的第一步就是要确立地方风格，并突出特色，简言之，就是在对本地的地方性进行研究的基础上提出看法。例如，云南省认为，他们旅游业的特色就是自然特色和民族特色，于是提出了"七彩云南"的形象宣传口号，其口号内涵极其丰富，为云南旅游业走向全国、走向世界提供了良好的渠道。❶

---

❶ 罗浩，冯润. 论旅游景区、旅游产品、旅游资源及若干相关概念的经济性质 [J]. 旅游学刊,2019,34（11）:116–123.

二、旅游景区的作用

从国际旅游产生和发展的历史来看，旅游景点（区）不仅是形成国际旅游目的地的基础和国际旅游业的重要支柱，也是旅游业发展的结果。旅游业与旅游景区的发展存在着一种互为因果的关系。旅游景点（区）对旅游目的地国家和地区的经济发展、社会文化进步、资源和生态环境的保护都有着积极的促进作用，但同时其负面影响也不容忽视。旅游活动都包括了食、住、行、游、娱、购等多种要素，由此形成了旅游产业中的旅游酒店业、旅游餐饮业、旅游交通业、旅游景点业、旅游娱乐业和旅游购物业等。旅游景点（区）作为吸引旅游者、引起国际客源流动的基本要素，是现代旅游业中的核心因素，是形成旅游目的地的基础，在国际旅游业中占有十分重要的地位。

旅游目的地一般是指旅游者决定前往访问或者旅游供应商决定予以营销的、由一定的旅游景点和相关旅游设施及服务组合或集中的地域，它可以是一个旅游接待国家，也可以是某一地区，是一种综合性的旅游产品，在一定程度上反映了旅游产品供给的规模和水平。从旅游目的地的产生和发展来看，任何成功的旅游目的地都是从单一的旅游景点发展起来的。通常，旅游目的地的发展首先是一个具有吸引力的旅游景点成为旅游者涉访的对象，然后供应商开始围绕该旅游景点建立各种相应的接待服务设施，从而形成了吸引单一客源市场的旅游目的地；随着旅游业的发展，该旅游地又会开发出新的旅游景点并且相应地建立接待设施，至此形成了对不同的旅游客源市场具有不同吸引力的旅游目的地。这也可以看作是广义上的旅游景区概念。因此，不同范畴意义的旅游景点（区）作为一个完整的旅游目的地都是以前者为基点的，抛开了旅游景点（区）的旅游目的地是不可想象的。

一个综合性的经济产业，旅游业不仅包括了交通、餐饮、娱乐、购物、景点和旅行社等直接行业部门，从旅游业的经济关联性来看，诸如旅游研究和规划部门、旅游教育和培训部门、旅游开发和管理部门以及像通信、供水、电力、保险等基础设施和相关服务部门都与旅游业有着密不可分的联系。就其他行业的发展而言，旅游景区是一个增长极和扩散极。旅游景区发展起来了，能够统一标准，提高管理、提高服务，对方方面面的事业都有一个大的促进，产生一个大的提高。因此，无论是直接旅游部门还是间接延伸部门的健康发展都必须以旅游景点（区）的存在和发展为前提，毫无疑问，它是现代旅游业的重要支柱之一。

旅游景区的发展对旅游目的地国家和地区的经济发展、社会文化进步等方面起着积极的作用。但是，正确认识到旅游景区发展的负面影响，从而采取相应的有效措施和方法来推动旅游景区的健康发展仍是很有必要的。景区的开发与建设、经营管理以及环境保护需要投入大量的资金和运营成本，尤其是对于一些公共性旅游景点而言，大多数是属于福利性质的，因而如果这些景点的开发建设不当或者经营管理不善，不仅不能带来预期的必要的经济收益，还会超出地方财政的预算，增加地方政府的经济负担。

另外，旅游景区在发展过程中促进游客与当地居民文化交流的同时，也会因为大量游客进入旅游景区而未采取必要措施从而导致各种自然景观的破坏和文化遗产的磨损；大量外来文化的影响，势必会使景区内所蕴含的传统珍贵文化发生不同程度的蜕变甚至消失。这样的影响将是非常可怕的。因此必须从保护旅游景区所在地的社会文化的角度出发采取积极措施来推动景区的健康发展。

为了开发建设具有特色和吸引力的旅游景点，塑造旅游景区和旅游目的地的良好形象，必然会促使人们在旅游景区的建设和发展中高度重视对旅游资源的保护和旅游环境的美化，从而改善旅游景区所在地的环境质量，但同时大量游客的到来，尤其是超过景点承载力的游客量，必然会对景区造成破坏和侵蚀，带来严重的环境污染。因此，正确处理好保护与开发的关系，对旅游资源严格保护、合理开发、永续利用，是保证旅游可持续发展的必然要求。要积极投入对旅游景点承载力的研究，正确确定旅游景区的最佳环境容量，严格控制对旅游景区的过度开发和无限制地接待游客，以保持旅游景区优美的环境和良好的形象。❶

---

❶ 胡巍. 旅游景区规划与管理 [M]. 北京：清华大学出版社，北京交通大学出版社，2011：13-14，23-50.

第三节　旅游景区规划管理创新模式

景区规划的模式与我国旅游开发的模式基本一致。我国旅游开发始于 20 世纪 80 年代初，经过多年的发展，景区规划的模式由单一的资源导向型不断扩展，目前已有的景区规划模式包括：资源导向、市场导向、形象导向、产品导向等四种，不同的景区规划模式也造成了不同的旅游景区开发建设模式。形成多种规模管理创新模式的根源在于，景区规划人员的专业学科背景不同，从不同角度提出了规划模式的创新，为景区规划实践提供了更多的理论。随着各专业规划人员的相互交流、碰撞，不同的规划模式之间也在相互取长补短。❶

第一，资源导向模式。资源导向模式主要由地理学、风景园林学为背景的规划团队主导。资源导向模式盛行于旅游景区开发建设的初期，即 20 世纪 80 年代。资源导向模式强调旅游资源在旅游开发中的主导作用，旅游资源被置于十分重要的位置，旅游景区的开发建设围绕资源的分类、评价以及特色分析而展开。资源导向模式的特色体现在关注资源、环境本体，并进行科学保护与展示，不追求旅游产品差异性。

第二，市场导向模式。市场导向模式是基于市场意识的提升和旅游景区建设实践中的成功与失败的案例而提出。具有传统优势的旅游资源大多已经被开发，但是部分景区发展不理想；而随着旅游需求不断增长，旅游市场不断扩展，一些旅游资源并不突出的景区也逐步得到开发，并获取成功。市场导向模式是通过对

---

❶ 邹统钎. 体验经济时代的旅游景区管理模式 [J]. 商业经济与管理，2003，（11）：41-44.

旅游市场进行调查分析，找准客源市场，掌握目标市场需求的特点，再对旅游资源进行评估、分析，使旅游资源与市场需求衔接。

第三，形象导向模式。形象导向模式是基于大众化旅游已经普及、旅游景区数量已经饱和或者过剩，从而形成了激烈的市场竞争的大背景而出现。在激烈的市场竞争中，各旅游目的地很容易陷入旅游增长缓慢或者倒退、经济效益不佳的困局。形象导向模式通过对景区形象的塑造和提升来实现景区在区域中的差异化定位。形象导向应对当地文脉及特色、区域内其他景区的形象和特色、区域发展趋势等进行综合分析。

第四，产品导向模式。产品导向是旅游业发展到资源、市场、产品和营销一体化的成熟阶段时出现的模式，实质是资源导向与市场导向的结合。产品导向模式是从分析市场出发，精准定位旅游客源市场，针对旅游客源市场的特点，有资源则对资源进行选择、或再创造，没有资源则根据市场和本地的经济实力进行策划和创意，然后对景区进行规划设计，并通过各种营销手段推向市场。❶

❶ 万剑敏 . 旅游景区规划与设计 [M]. 北京：旅游教育出版社，2012：16-17，132-200.

第二章　旅游景区规划的理论支持

　　随着现代旅游业的快速发展，尤其是国家把旅游业作为国民经济重要产业加快发展，我国各地都加快了对旅游景区的规划与开发建设。本章主要围绕旅游景区规划的理论认知、旅游景区规划的旅游地生命周期理论、旅游景区规划的发展动力理论、旅游景区规划的游憩规划理论展开论述。

第一节　旅游景区规划的理论认知

一、经济学理论

（一）市场调研与营销

一般而言，企业指定营销策略时都会对其所处的市场进行调查市场调研是进行市场研究的有效手段，是企业进行市场营销活动之前必须完成的工作。旅游区在制定其营销策略之前也要对市场进行调查，旅游区市场调研就是运用营销调研的方法，收集市场信息、分析研究环境变化对市场营销所产生的影响，从而为企业制定合理有效的市场营销策略确定基础。旅游市场调研是运用科学的方法和手段，有目的地针对旅游区市场需求的数量结构特征等信息以及变化所进行的调查与研究，是系统地设计、收集分析和报告与旅游区面临的特定的市场营销问题有关的活动，为旅游区市场营销策略的制定提供依据。

旅游区市场营销调研主要是向旅游区决策者提供信息，其作用主要表现在三个方面：第一，有利于旅游区发现市场营销机会；第二，有利于旅游区制定正确的市场营销策略；第三，有利于旅游区对其市场营销策略进行有效控制。

旅游区市场营销具有一定的程序性和规范性，因此在进行旅游区营销调研时须遵循四个方面的原则：第一，准确性原则，是指收集的资料必须准确，符合真实情况，只有真实的资料，才能为旅游市场营销策划的制定提供可靠的依据；第二，针对性原则，有针对性的资料更集中、更具体；第三，稳定性原则，对松散零碎、杂乱的原始材料进行分类、加工整理，使这些材料变得有条理并使其完善；第四，预见性原则，调查收集资料要对市场营销预测和营销策略制定有帮助，所以，资料收集要有一个预期。

一般而言，进行有效的营销调研主要包括以下步骤：第一，明确问题并确定目标，要求旅游区营销人员认真研究，确定营销目标市场，根据所获取的内容确定调研的目标；第二，制订营销调研的计划，要求调研人员在营销调研前制定一个周全的调研计划，如调研机构的确定，资料来源的确定，调研工具、调研人员及调研进度的确定等；第三，收集调研信息；第四，分析信息，对所收集的信息加以整理并对信息进行分析，得出调查结果；第五，提出结论，撰写调研报告，即把调研问题的结果用数字、图表及统计表格的形式，运用明确的语言和数据，以解决问题的形式表述出来，要求思路明确、分析深入透彻，并将准确的结果展示给营销管理人员。

旅游市场调研主要是对客源的社会经济基础、心理特征、需求状况、客源地与目的地的空间相互关系、客流量大小及时空分布规律和发展趋势进行调查，并在此基础上进行综合分析；通过综合分析，掌握旅游区市场状况，从而进行准确市场定位，确定第一目标市场、第二目标市场和机会市场。根据所确定的目标市场以及目标市场的经济、社会文化、需求特征，并结合旅游区资源特征来确定旅游产品档次及质量、价位高低、销售渠道、促销手段及公共关系等，同时确定旅游市场的营销策略组合，以达到提高市场占有率的目的。

（二）旅游的供求关系

旅游需求是指人们为了满足对旅游活动的欲望或需求，在一定时间和价格条件下，具有一定支付能力并可能购买的产品数量。旅游需求的产生是科学技术进步、生产力提高和社会经济发展的必然结果。旅游需求的产生和发展，除了受到旅游者的主观因素和旅游产品、收入水平、闲暇时间及交通因素等客观条件的直接作用外，还受到政治、经济、文化、法律、自然、社会等各种因素的影响。

旅游供给是与旅游需求相对应的一个概念，旅游供给是指在一定条件和一定价格水平下，旅游经营者愿意并且能够向旅游市场提供的旅游产品数量。旅游供给以满足旅游者的旅游需求为目的，其前提条件是旅游需求，即旅游企业必须以满足旅游者的需求为经营目标，通过建立一套适应旅游需求的旅游供给体系，保证提供满足旅游者需求的、高质量的旅游产品数量和类型。人类的任何需求都是以一定的物质作为基础的，旅游需求也不例外，所以旅游产品的提供不能脱离旅游需求。旅游供给包括旅游资源、旅游设施等满足旅游者需求的物质基础，也包括一种社会生产活动，必须以旅游需求作为旅游供给的依据，即提供旅游产品的时候，要对旅游需求的内容、层次和变动进行调查研究和分析预测，才能有效地制定旅游供给规划，科学制定旅游产品的生产，以达到满足人们旅游需求的目的。

旅游供给也是旅游经营者愿意提供的旅游产品，旅游需求决定旅游供给的数量和质量仅仅是一种前提条件，而真正决定旅游供给的关键在于旅游经营者是否愿意提供相应的旅游产品。从满足旅游需求的角度出发，旅游供给不仅仅表现为旅游产品的数量，还必须综合地反映出旅游产品的品种、规格的制定。因此，旅游经营者要重视旅游产品的数量，更要重视旅游产品的质量，提高旅游服务质量和旅游设施水平，才能增加旅游产品的有效供给，更好地满足旅游者的旅游需求。

（三）综合效益

旅游规划必须进行旅游综合效益分析，即对发展旅游业所获得的生态效益、社会效益、经济效益和环境效益进行综合分析核算，评价经营成果。在进行旅游开发时，必须要有一个整体的、全局的和系统的观念，考虑到目的地经济系统内部和外部的各种相互关系，制定具有法律效能的环境控制措施，达到综合效益最大化，使旅游地得到可持续发展。旅游开发追求的目标应是持续的综合效益最大化，即追求最大持续产量，能持久地、最大限度地开发利用旅游资源，而又不损害资源的更新能力。❶

二、地域分异理论

（一）地域分异的规律与特色

旅游资源存在着地域分异规律，从而造成了各旅游地区之间的差异性，差异性越大越能产生旅游者的空间流动。简言之，地域分异是产生旅游活动的根本因素。因此，在旅游规划设计过程中必须按照地域分异规律来进行设计。规划时应充分利用地域分异规律的基本思想和方法，对一个地区要成功地发展旅游，就必须从发展旅游的基础——旅游资源出发，充分利用其与众不同的方面。

开发旅游资源时要突出特色，突出特色是旅游开发的核心，是旅游业的生命所在，它减弱了旅游产品之间的竞争关系。因此，在旅游规划时，首先切忌模仿和抄袭，要有所创新。要积极发挥旅游规划者的创造力和丰富想象力，大力挖掘

---

❶ 胡巍.旅游景区规划与管理 [M].北京：清华大学出版社，北京交通大学出版社，2011：13-14，23-50.

旅游资源的潜力。其次，从旅游设施的建设和旅游服务出发，创造特色，一方面使有特色的旅游资源越发具有吸引力；另一方面可以弥补旅游资源在某些方面的不足。

（二）地域分异的布局与整体效应

旅游区划在旅游规划中非常重要，它是在深刻理解旅游资源分布的地理特征和旅游经济地域分工的基础上做出的，有利于挖掘旅游的特色，有利于开发和管理。旅游区划包括区域中旅游区的划分和旅游地的景区划分，划分的理论依据就是地域分异规律。区划就是运用这些原理，寻求具有相对一致性的区域，区别有差异性的区域。

区域的旅游区划可以分为认识性旅游区划和实用性旅游区划，划分的区域（旅游区）是旅游规划中制定发展战略的空间对象。认识性旅游区划是从事物固有的规律来划分，而不考虑行政区划的范围；实用性旅游区划则考虑到管理和实施的方便，保证行政区的完整性。目前普遍进行的旅游规划中多是采用实用性旅游区划。认识性旅游区划一般不需要完整性，但是有些跨多行政单位的旅游区具有很强的内部联系，需要保持它们的完整性，保证旅游经济运行顺利进行，要求这些行政单位之间难以协调时，可以将行政区划进行调整。

区域的旅游区划具有层次性，一般而言被划分的区域范围越大，层次就越多，旅游区也就越多；区域越小，层次就越少，旅游区也就越少。旅游地景区划分的原理和技术与区域旅游区划相同，只不过所考虑的因素要少得多。大的景区也可以叫作风景区。景区内的旅游资源具有很大的均质性，在空间上是完整的，旅游景点的分布比较密集，一些景区往往是自然形成的，有自然的界限。

三、可持续发展理论

随着经济全球化进程的加快，旅游也日趋普遍化。而旅游业因其强大的经济带动性这个行业特点，在国民经济中担负着重要的作用。旅游区经济的发展所带来的积极和消极的作用已引起学者的热切关注。在旅游的影响下，传统文化与外来文化的碰撞，原始社会文化将发生变化。在旅游区开发后，随着旅游者异质文化的带入，而导致旅游区文化变迁是不可规避的。实质上，旅游区文化变迁是旅游地原始文化和旅游者外来文化之间相互碰撞的结果。

旅游产业的可持续发展对社会文化带来的影响要从正负两方面来看，即旅游业对旅游区社会文化带来了相当的影响，赋予其新的形式与意义。因此，在旅游规划过程中要做到让旅游区社会文化可持续发展，让传统社会文化与现代文明共生，让当地人以开放的心态对待旅游业，积极面对旅游发展对旅游区的影响，在开放过程中要遵循民俗文化旅游资源的开发原则，合理开发，以便旅游区能够可持续发展。

四、区位理论

区位论是说明和探讨地理空间对各种经济活动分布和区位的影响。区位理论研究的实质是选择最佳布局问题，即如何通过科学合理的布局使生产能以较少的投入获得较大的收益。根据规划区位理论，旅游规划区位选择主要考虑以下方面的内容。

第一，确定该区域的地理位置。旅游区地理位置是旅游规划首要考虑的要素，主要包括地域范围、区域外部交通和内部交通等因素，还包括旅游自然环境条件。自然环境条件包括地形地貌条件、水文条件、气候条件、土壤与植被条件等。旅游区自然条件越优越，则旅游区位条件越符合旅游开发。另外，区位选择考虑的因素还包括区域经济条件以及历史文化条件等。

第二，考虑旅游区有哪些区位优势。区位优势对旅游开发和布局而言相当重要。区位优势的探求与寻求旅游资源优势有相联系之处，区位优势除了包含旅游资源因子外，还包含许多其他因子（自然资源、交通、市场、人力、经济、社会文化等），实际上是其空间组织的综合优势。

第三，考虑旅游区面对的是怎样的客源地，如区域内以及区域周边的经济条件、人均消费水平、社会文化等方面对旅游区客源地相关因素的影响，并要考虑旅游区与客源地之间的空间关系、两地的地缘关系等，从而确定旅游活动展开最有利的场所、最佳规模。

五、系统理论

系统理论认为系统是由相互联系的各个部分和要素组成的，具有一定结构和功能的有机整体。系统理论为旅游规划提供了方法论基础。系统理论不仅为旅游规划提供了认识论基础，即旅游是一个系统，遵循系统的原理，同时又为旅游规划提供了方法论基础，即用系统的观点来看待旅游，用系统的方法来研究旅游和规划旅游。在系统理论的指导下，旅游规划主要表现在三个方面。

第一，旅游规划表现为规划的要素。旅游规划的目的在经济、社会和环境三个方面，追求最佳的三大效益。经济、社会和环境这三个效益是相互联系的。若一味追求经济效益而忽视环境保护，当环境遭受破坏时，则会导致旅游资源的破坏和旅游地的衰弱，经济效益也就不存在了；如果忽视了对社会的影响，使得违法现象滋生，则会影响旅游地的美誉度，经济效益也会受到不良影响。个别部门、单位和个人为了自身利益，不顾别人的利益和整体利益等，这在规划中都需要加以考虑。旅游系统与系统外的联系，如旅游对区域经济影响有乘数效应，使区域的经济收入高于旅游输入。对社会影响有示范效应，环境影响有旅游对外部的污染，以及外部对旅游的污染等。

第二，旅游规划是要把各种资源进行合理配置，市场的定位开拓和旅游项目的筛选布局等。

第三，旅游规划表现为规划的程序与编制过程。系统理论不仅要求旅游规划全面、综合考虑旅游的系统要素，而且要求旅游规划的程序是一个系统程序，人们在旅游规划时是按照这个程序来进行的。

第二节　旅游景区规划的旅游地生命周期理论

旅游地生命周期理论是描述旅游地演进过程的一种理论。以巴特勒的旅游地生命周期"S"模型为始，许多学者对旅游地发展阶段及其特征进行了描述。如"后滞长期"的概念中，描述了许多具有竞争优势、较长时期处于不败之地的旅游胜地的生命周期现象。在经历了一般的增长过程达到最高发展水平之后，旅游地并没有马上衰弱，而是经历了较长一段时间的发展阶段。另外，旅游业自身的竞争性结构对旅游地周期的影响并指出旅游地因企业的竞争兼并而将出现寡头垄断的局面。寡头垄断者为避免相互间的激烈竞争以实现相对稳定并通过协议瓜分市场，往往不惜以放弃创新和产品多样化为代价，这很大程度上导致了旅游地的停滞、衰落。

另外，就规划和管理决策对旅游地演进的重要性、旅游地演进过程受到战略变化和环境变化的作用、推动旅游地演进的主要经济和社会力量等方面问题进行了研究，进一步推动了旅游地生命周期理论的深化发展。最近一个理论进展是以世界遗产城市威尼斯为例，在巴特勒的旅游地生命周期模型的基础上，提出的一个旅游地在旅游发展达到其生命周期的饱和阶段后，发生衰退的空间经济学的解释模型，即所谓的"衰退环"模型。

一、旅游地生命周期理论的作用

从生命周期模型而言，对旅游地演进现象的研究并不在于阶段划分上，更多的是集中于对各演进阶段的社会、经济特征的研究。因此，事实上旅游地生命周期理论的应用由刚开始的描述和分析旅游地历史演进过程推广到了预测和指导营销战略与政策决策（其目的是延长生命周期）。生命周期理论的作用主要表现在以下方面：

1. 作为一种认识工具，世界上大部分的实例研究结果基本上支持周期理论的基础命题假设，即旅游地有一个由起步经盛而衰的过程。因此，旅游地生命周期理论为描述总结旅游地旅游发展历程提供了一套模式，使目的地管理、营销机构意识到旅游地随时间的变化而发生的阶段性变化有一个演变过程，在不同时期应该采取不同的营销策略来应付来自竞争者的挑战。在周期的每一阶段，其市场成长、市场份额占有率、竞争激烈程度和利润率都有所不同。因此在不同的阶段就要求有不同的营销和管理策略。

2. 作为一种计划工具，旅游地生命周期理论主要描述和分析旅游地的发展轨迹，对旅游地演进特征进行详尽描述，使目的地管理、营销机构能在不同的周期阶段提出相应的营销战略和政策建议。

3. 作为一种控制工具，旅游地生命周期理论有助于目的地管理、营销机构加速旅游地的发展，即从低级阶段迈向高级阶段，还可以延长发展期和稳固期的时间，从而延长整个旅游地的生命周期。目的地管理、营销机构还可以凭借旅游地已有的旅游吸引物来类推即将开发的新的旅游吸引物可能产生的绩效，以及依据一些典型迹象做出判断旅游地是否有必要进行新的旅游吸引物的开发。这些迹象包括旅游者数量是否稳定、旅游者增长数量是否稳定、主要是重复旅游者还是非重复旅游者等。

二、旅游地生命周期理论的不良影响

运用旅游地生命周期理论对同一个目的地进行分析时也存在一些缺陷，包括以下三点：

1. 分析单位及其范围的确定。不同的"旅游地"在生命周期曲线上表现出来的特征往往是不同的，而且每个单位都是由具体的旅游景点、饭店、主题公园等组成，不同因素在同一时刻可能处于不同的周期阶段。

2. 难以进行预测。运用周期模型进行的预测应该是条件预测，即不仅要考虑旅游者人数或支出与时间的关系，而且还须考虑进入异质客源市场、营销战略决策和竞争地的行为等因素。其中转折点和各阶段时间跨度都是很难测量的。

转折点说明周期从一个阶段进入下一个阶段的时点、转折点和不同阶段可以通过一系列因素来确认，包括旅游者增长率、初次到访者占到访人数的比例、旅游者停留时间长度、旅游者在旅游地的分布、旅游者特征、旅游者到访时间等。首先这些因素都对转折点的出现和确认目的地所处阶段起作用，要确认转折点和目的地所处阶段必须对这些因素进行综合考虑，而这些错综复杂的因素往往很难把握；其次旅游地生命周期理论需要长期的统计数据作为基础来判断各阶段的长度和转折点，二者的长期统计信息往往难以得到，影响预测的准确性，并带有明显的滞后性，在作为决策依据时就可能有许多不确切之处。

3. 细分市场对旅游地生命周期的影响。旅游地生命周期将旅游者视为同一的，没有进行市场和旅游者消费行为的细分，并且没有考虑市场营销和竞争状况。并且对拥有不同细分市场和产品的旅游地，单一生命周期理论无法对一个旅游地的发展进行全面的描述和评价。

第三节　旅游景区规划的发展动力理论

　　旅游目的地相对地位的变化，反映了旅游地之间旅游吸引力相对优势的改变。正是相对优势的改变，才造成各个旅游地此起彼落的现象。因为在一定经济发展水平条件下，总的旅游需求量只可能在较小的范围内变化（假定没有特殊事件）。因此，游客在各个旅游地之间存在分配的关系，简言之，一个旅游地的崛起，往往伴随着另一个旅游地的衰落。而相对优势的改变，取决于驱动旅游发展各种推力的变化情况。

　　目前各个城市发展旅游业的热情高涨，但也相应地出现了较多的问题。城市旅游发展动力理论表明了现代旅游吸引要素较多，传统意义上的"旅游资源"已经难以涵盖旅游吸引要素。旅游吸引要素还包括了城市经济、文化、公务与政务、信息与科技等各种非物质要素，城市旅游的发展是众多因素的合力共同推动的结果。在区域旅游中，不仅要强调生态、环境和资源保护，还需要在社会、经济、文化大环境下实施旅游业的可持续发展。因此，城市旅游发展动力理论给予认识上的警示：城市旅游发展需要通过城市发展的综合需要出发，致力于创造旅游可持续发展和城市整体经济社会可持续发展的动力机制。

　　运用城市旅游发展动力理论，可以对不同旅游目的地旅游持续发展模式及驱动机制进行深入探讨，客观、全面地分析其旅游市场上升或滑坡的原因，在此基础上构筑区域旅游发展模式和旅游发展驱动机制。

　　由于城市旅游地生命周期相当复杂，特别是影响其演进模式的因素难以确定，城市旅游发展动力理论在探明城市旅游发展动力因子的基础上，可对城市旅游地的生命周期起到直接的推动作用，有利于把握城市旅游地生命周期的特点与规律，探索其调控机理，这将是对城市旅游发展的一种贡献。❶

---

❶ 王昆欣，牟丹.旅游景区服务与管理（第 3 版）[M].北京：旅游教育出版社，2018：2-8，104-114.

第四节　旅游景区规划的游憩规划理论

一、旅游景区的游憩规划理论的价值

在进入后工业社会后，多元化的服务功能逐渐上升为城市的主导功能，我国不少城市已经处于进入大规模消费社会的边缘。城市的休憩功能必然还要大发展，但城市游憩功能的完善必须通过对游憩设施及其辅助设施的合理配置来完成，最终达到在合适的时间、合适的地点、以合适的价格向合适的人提供合适的产品的目的。合理的游憩配置有助于降低损耗、提高使用效率、提高用户满意度、增加用户使用率，从而提高整体的经济效益。

另外，游憩的配置也是一种管理行为，但它与游憩设施的具体经营管理不同，它更侧重于宏观的管理和调控。城市地价、门槛效应、经济效益等经济因素都会对游憩布局产生很大影响，大部分时候需要通过行政或经济政策等手段进行宏观配置，兼顾公平与效率。城市游憩包含的内涵、所涉及的影响因素以及学科系统的复杂性等决定了城市游憩系统是一个复杂的系统。当地社会的生产力发展水平等社会总体因素和游憩者个人的职业、文化、年龄等社会个体因素都会对游憩行为产生影响。而社会总体游憩偏好的变化往往与社会的总体发展水平和发展程度关系密切。因此，城市游憩系统的空间配置既不能放任自流，应该结合城市的具体情况，在游憩规划理论指导下科学、系统地进行配置。

游憩规划理论的提出特别是围绕游憩规划展开的对人们游憩各方面问题所进行的研究更好地理解游憩活动与游憩需求、市场与资源关系、游憩配置规律等一系列城市民生活中息息相关的事宜提供了理论支持和实践指导。❶

二、旅游景区的游憩规划与网络规划理论实践

旅游业对其他产业巨大的带动作用被认识的同时，旅游业受整个经济社会条件制约的特性逐渐凸显，发展旅游业不仅是旅游系统内部建设，还要充分考虑旅游业与其他产业的衔接与协调，因此，网络规划理论也逐渐兴起。网络规划要求不仅对旅游业内部要素网络的建设进行规划，还要对以旅游业为龙头的其他产业发展进行网络式规划，优势互补，整合资源，共谋发展。

一般而言，在旅游条件好的地区发展商贸，在商贸条件好的地区发展旅游，是世界各国设置大型商贸旅游区的一个重要趋势。现代旅游六大要素中"购"是很重要的一个因素，据统计研究，旅游六要素（吃、住、行、游、购、娱）的经济收入中，排在前列的依次为长途交通、购物、住宿、餐饮等。而长途交通的收入分散在各地，且主要归于客源地，因而购物对旅游区收入的贡献率最高。商贸业的充分发展能够为游客提供独具特色内涵的购物服务，从而提高游客对旅游过程的整体满意度。而旅游业的良好发展，能为商贸业带来人气和客源。因此，旅游与商贸两者之间具有天生的亲密性，两者的联动发展，能起到 1+1 > 2 的整体效益。在大旅游的观念下拓展区域旅游，就是要把区域风光、区域文化和区域商业融为一体，看作不可分割的整体。将经贸、会议、购物等商贸活动纳入旅游产品的整体范畴中，同时满足各种旅游者在商贸和旅游两方面的需求。

在《杭州市西湖区旅游商贸发展规划》中，将旅游业的发展同其他商贸业

---

❶ 胡巍 . 旅游景区规划与管理 [M]. 北京：清华大学出版社，北京交通大学出版社，2011：13-14，23-50.

的发展紧密结合起来，形成了游憩规划与网络规划为主导思想的旅游规划成果。不仅引用了游憩商业区（RBD）、中心商业区（CBD）的概念，还将生态办公区（EOD）这一最新的游憩区概念也纳入了规划理念中，EOD贯穿了"绿色""健康""环保""生态"等概念与元素，既能满足生态效果，又体现循环经济的要素，极大提升了办公品质，具有良好的示范性和前瞻性。目前这种形态在发达国家十分流行。

国内游客在选择旅游目的地时，更看重其自然环境，愿意住市区与度假区内的宾馆，旅游时间较短，参观游览和品尝当地美食是旅游活动中的主要内容。而海外旅游者认为杭州旅游最具特色，并能对国际旅游者产生吸引力的为以下方面：杭州拥有丰富多样的自然景观，最大特征就是花园和生态；茶叶、丝绸、纸业、中药是吸引国际旅游者的重要资源；看重异国文化，对茶文化村、纸文化村、南宋瓷窑博物馆等这类集文化内涵与游客参与娱乐为一体的景点非常感兴趣；"放松的最佳选择"和上海的拥挤喧闹形成互补；喜爱体验当地交通方式和品尝杭州特色餐饮；喜爱光顾当地的各种市场，特别是商业步行街；体现杭州历史文化和中国传统习惯的特色民居等；酒店住宿设施的条件优良。

目前，大部分人选择的旅游形式主要以康体保健、放松身心的休闲度假和生态观光旅游为主。另外随着个性化要求提高，自驾车、背包、在线组团、户外运动俱乐部等形式的自助旅游也在升温。日常休闲娱乐方面：由于社区居民空余时间增加，消费水平的提高和对生活质量的关注，已经开始不满足于以往单调的业余生活方式，而寻求多种多样的休闲方式。餐饮、酒吧、茶馆、咖啡厅、健身馆、歌舞厅等休闲方式如雨后春笋般涌现，也反映了居民对这方面需求的增加。购物商贸方面：不仅中低档市场需求旺盛，而且高端定位市场间的竞争将会更加激烈。❶

---

❶　周武忠，朱剑峰．自驾游导向的旅游景区规划研究 [J]．东南大学学报（哲学社会科学版），2007，9（5）：46-50，55.

第三章　旅游景区规划建设与项目规划

伴随着我国旅游业的飞速发展，各地都在纷纷进行旅游资源的开发。但在建设与开发的过程中，部分景区步入了开发的误区。因此，必须对旅游景区规划和开发中遇到的问题和其发展趋势进行分析，找到解决问题的方法，让旅游景区在建设和项目规划的过程中能够走上一条持续快速健康的发展道路。本章主要围绕旅游景区的规划流程与发展趋势、旅游景区的设施与运营规划、旅游景区的研学项目规划、旅游景区的交通线路与产品规划展开论述。

第一节　旅游景区的规划流程与发展趋势

一、旅游景区的规划流程

（一）旅游景区的前期规划

1. 准备工作

准备工作先要召集来自不同领域的专家组成一个协作团体，共同解决旅游景区开发的经济、社会、环境、建筑、工程与规划问题。这个协作团体的参与者包括：市场与金融分析家、建筑师、规划师、园林设计师、酒店管理专家、管理顾问、工程师、招标承包商、土地规划师、地理学家、历史学家、环境学家、法律顾问、社会学家等。这个协作分工的团体在不同的规划阶段，工作重点不同，因而内部分工也有差别：在初期分析阶段，规划的重点在土地规划师与建筑师上，他们提出总体的初步规划设想，提出初步的质量标准、开发密度与产业布局形势，同时认定该旅游景区的开发潜力。

在初步分析之后，地理学家、园林设计师、区域经济师与市场、金融分析专家便开始研究供需情况：地理学家与园林设计师主要从事旅游供给方面的规划，包括旅游资源的调查、评价，确定其等级开发次序及为满足旅游者需求需新增何种资源；经济师则分析旅游景区现有的基础设施和娱乐设施供给，以及未来的扩展方向；市场分析家主要从事客源市场调查；金融分析家则决定整个开发计划，从规模到时间，在经济上是否合理可行。若规划不合理，那么土地规划师和建筑师就需要与市场、金融分析专家一起讨论，决定如何使总体规划满足市场的需求与经济效益的约束，并确定几个可供选择的选址，逐个进行规划评估。

构思总体规划时，社会学家或管理顾问则要评价旅游景区选址所在社区的社会经济条件，以便估计出可能的社会、心理影响。尤其是对于部分传统习俗占统治地位的地区，社会学家一定要详细分析其社会心理背景，找出合理的整合方案。而对于一些历史名胜、自然保护区，则必须有社会学家、历史学家及环境学家参与，确定环境承载力，提出极限环境容量与最大、最优开发规模，认真评估旅游开发对环境的影响，提出合理的保护措施。在很多国家和地区，环境影响评估报告是该地区开发、工业布局所必须提供的报告，比如在美国夏威夷，按该州法规，旅游开发者必须向有关当局上交一份环境影响报告。

有关的管理顾问参与旅游规划过程主要是协做分析与选择旅游产品，研究劳动力的获取、培训、使用分工问题，以及有关投标、招标定额等问题。因此，在准备阶段的工作重点是初步确定旅游景区开发的目的、景区的类型、规模及初步的区位选择，但其内容随着规划的深入将进一步详细、修正，甚至改变。

2. 景区开发的目标与可行性分析

旅游景区开发的目标包括社会、经济与环境三个方面，大多数旅游景区的开发以经济利益为目标，即盈利、增加收入、平衡外汇收支等，但也有以社会和社区的发展为目标的。环境方面的目标是：美化生活环境，维持生态平衡。在旅游景区开发时，开发目标的确定依据开发主体的利益而转移，但必须兼顾考虑地方的发展和政府的总体目标，同时必须以满足游客需求为实现自己目标的前提。

可行性分析阶段要采取定性与定量相结合的方法，详细地调查分析与综合。要采用详细的区域调查方法，对规划区内的旅游资源、设施、服务以及交通等基础设施作详尽的普查，与有关的政府官员、当地居民、相关企业深入地讨论，收集并总结已有的文件、数据、图件等一切有用的信息，同时比较附近与之构成竞争威胁的景区的情况，分析其比较优势；同时对市场进行调查，调查潜在游客的特征、消费方式、旅游活动、态度、对旅游产品的满足程度、偏好倾向等；对竞争性的景区进行竞争分析，以便找到景区的市场增长点，从而进一步决定景区的类型、主题与最优规模。

根据市场预测、成本与效益估算、对开发项目进行财务分析，对国民经济评估及投资风险与不确定性进行分析，决定旅游景区开发的盈利能力、负债清偿能力、投资回收期、社会效益、内外部经济与不经济。❶

3. 制定景区规划的方案

一个旅游景区的规划方案，包括两个方面的内容：政策与操作规程。政策方面包括经济政策、立法、环保政策、投资政策等；操作规程方面包括土地利用规划、市场营销计划、人力资源配置等。

（1）在政策制定时，应考虑以下因素

第一，旅游景区的类型与规模。对于不同类型与规模的景区而言，其开发投资、经营、环境保护、土地利用、财政政策是不同的。

第二，环境保护、文化保护与永续利用。在旅游开发的类型、深度上一定要注意限制在景区环境承载力的范围内，不至于造成严重的生态破坏，同时注意旅游开发与地方文化的相互协调、相互促进，避免消极的社会文化影响，避免文化冲突，使旅游能永续开发并受到所在地区的支持。

第三，政府与企业的角色分工。我国的政府主管部门目前仍属于积极参与的类型，但其正朝着企业化运作的方向发展，由企业来进行营利性部门的开发、经营，在政策制定时应基本界定政府与企业的角色分工。

第四，开发的阶段。开发阶段性的政策是为了促进开发活动的人力、物力、

---

❶ 何焱 . 服务设计理念下文化旅游景区系统性开发研究 [J]. 福建茶叶，2019，41（3）：89-90.

财力以及土地利用上的协调发展，同时保证有一定的回旋余地以满足游客未来需求变化的需要。

（2）在旅游规划的操作规程部分则必须考虑以下内容

第一，产品与服务的设计。产品与服务的设计主要是旅游基础设施与服务的配置。要提供能满足目标市场需求的产品与服务，同时这种产品与服务和竞争者相比能有明显的竞争优势，在市场上有鲜明的市场定位，具有一定程度的不可仿造与篡夺性。

第二，土地需求与土地利用规划。确定所需土地的面积、范围，各种类型土地利用之间的关系，同时合理布局各种旅游设施与基础设施，使之既具有内部高效性，又能够体现总体形象优美、主题鲜明的特征，对景区内各种功能分区进行合理布局。

第三，人力与财力的配置。人力与财力的配置包括人力资源的组织、培养、分配以及财力的筹集与分配，采取有效的融资办法筹集资金，通过优化方法使资金合理分配。

第四，市场营销计划。策划制定有效的市场营销组合：产品、价格、宣传和渠道，以及合理的市场定位，扩大市场份额，提高景区的竞争力。

第五，机会与约束。分析旅游景区开发所面临的机遇，同时分析区域旅游发展的约束条件，从而进一步提出利用机会，克服约束，寻求资源利用最大化的有效途径。

第六，实施计划。包括分区法规和设计评估程序，公共与私人投资政策，财务计划，提出成本、收益、资金流量估算、财金分配方案及融资办法，景区开发与经营的管理制度与程序，包括建立一个开发与管理的权威机构或企业单位，第一阶段的开发预算与项目，旅游景区投资指南与促销计划。❶

---

❶ 曹珠朵，钱洋，刘先杰．景区详细规划内容深度分析 [J]．规划师，2006，22（9）：16-18．

（二）旅游景区的要素规划

旅游景区是通过为游客提供一种愉悦的体验来实现其经营目的的。创造体验主要通过设施、娱乐活动与旅游服务来实现，从游客对旅游景区的实际感受中体现，包括对景区总体环境、设施风格、档次、色彩、活动性质、气氛、服务态度等方面的感知。设施、娱乐活动及服务综合体的配置应以市场需求和竞争为导向。

1. 旅游景区内的景点规划

景点是指目的地景区内的由某一个公司、个人或政府控制的一块土地；景点规划的焦点是吸引物、设施和服务的规划；其特点是规划与设计的结合；景点规划的重点是实体规划、土地利用与设计；景点规划成败的关键是塑造特性；景点规划是应用美学及科学原则于研究、规划、设计与管理自然和人文环境，设计师主要从事建筑设计、道路布局，以相互影响、相互关联的方式，应用相关设计原则来处理人造环境与自然环境的关系，景点规划是设计与规划的结合。

景点规划中造景的关键是要赋予景点某种特定的含义，如它是一种古迹、工艺品、财富、修身养性之地、仙境、历史博物馆等。下列要素能赋予某景点以特别的含义：建筑风格；气候，尤其是光照的时间与强度、降水量、气温变化；独特的自然环境；游客对这一地区的回忆与印象；使用当地的建筑材料；工艺；文化多样性与历史；居民的价值观；高质量的公共环境与基础设施；地方的节庆活动、日常生活、季节性差异。在景点的设计方面要强调系统原则、实用原则、独特性原则、审美原则。系统原则要求景点规划要同区域规划、目的地规划相协调，景点设计要与周边环境相融合成为一个完整的系统，也要求旅游规划设计应与社区的社会文化相协调。实用原则与独特性原则在北京天下第一城的设计中表现得很完善：天下第一城的外观上是城墙，而其内部是宾馆，全部为清代圆明园建筑，如九州清宴是餐厅，远瀛观是会议室与歌舞厅，因此非常实用。另外，所有景观都是现在已经消失的老北京城的名胜古迹，如永定门、阜成门以及圆明园内已毁的建筑物，突出了它的独特性。

在景点的设计上，也有一定的标准。例如在海滨地区，部分通用设施：餐馆、游泳池等应该接近并面向海滩，但必须保证与海滩有一定的距离，以防止污染发生；宾馆设施则要建在海峡或山坡上，离海滩稍远但要有好景色；服务设施如停车场、供水、供电设施则应注意便利，但不要破坏大树或其他重要植被景观。对于野生动物栖息地一定要给予保护，禁止贩卖与食用野生动物。景点的规划也强调要有公众参与，不仅要考虑经济效益，要更多地考虑社会、环境效益，而且规划的最后评估不是决定于专家的认可，而是要为游客创造一个有价值的体验，使游客满意。景点设计的另一大趋势是生态设计观。人们对自然环境的向往越来越强烈，这就要求在设计与管理过程中要对环境更加敏感。❶

2. 旅游景区的设施配置

一般而言，旅游产品主要由三部分组成：旅游景区的吸引力、必要的旅游接待设施和景区的可进入性。旅游产品的吸引力来源于各种旅游资源，如自然风光、古城、温泉、海滩、古战场、风俗民情、体育活动、节日节庆、购物等。但仅有这些还是不够的，如果缺乏完备的餐饮、住宿和娱乐设施，这个旅游产品仍然无法实现，除了可能吸引极少数的猎奇游客外，很难被广大游客所接受，形不成规模，不能实现景区的经营目标。旅游设施可以概括为两大类：上层设施和基础设施。上层设施主要是用于解决游客住宿、娱乐所必需的设施；基础设施则是指给排水、供电、交通、通信、医疗保健等设施。

---

❶ 乌恩. 论我国风景区规划中的旅游价值观重构 [J]. 中国园林，2007，23（4）：18-21.

（1）景区旅游的上层设施配置

① 住宿设施。旅游景区内住宿设施的规划建设主要考虑三方面的问题：一是根据旅游需求预测饭店床位数；二是从区域规划及景区布局的角度研究饭店床位数；三是从区域规划及景区布局的角度研究饭店的位置、风格、密度、级别与类型；四是考虑未来扩建的可能性。景区住宿设施的估算涉及各种档次的饭店的数量及床位数，床位数主要受客流总量与游客滞留时间的影响，而各种档次住宿设施的数量则取决于客源的结构，主要是游客的消费水平和消费习性。

因此，要针对各级目标市场的社会人口学特征，配备各种类型和级别的住宿设施，使之和游客的需求相吻合，满足中高档接待要求。另外，在建筑外观上，现在国外饭店建设的普遍趋势是高层饭店日益减少，以不超过十层为宜，越来越多地突出民族风格，遵从地方风俗传统。

② 餐饮设施。餐饮设施的规划需要根据旅游景区的规模与客源结构来决定。国际性旅游景区的餐饮中心都要配备中餐厅和西餐厅，并设置相关菜系菜馆，如鲁菜馆、川菜馆、粤菜馆、闽菜馆等，西餐厅中设立美式、欧式及便食餐厅，还有日本料理等。如果依照消费档次和服务方式配置，则有豪华餐厅、风味餐厅、大众化快餐食品店以及经济食堂。在大型饭店、餐馆一般都设置有主餐厅、宴会厅、特别餐厅、快餐厅、酒吧和鸡尾酒廊、咖啡厅等。餐厅是游客开销比较大的方面，因此要有足够的数量和质量相称的餐馆和快餐厅，但同时应开设一些地方风味餐食，让游客开开眼界，品尝各地特色。

③ 辅助设施。辅助设施包括购物商店、加油站、洗衣店、会议设施、艺术走廊、博物馆等。辅助设施的作用是吸引游客，增加游客在景区内的滞留时间和旅游消费。部分产业规模较小、产权分散、布局也很分散，但影响旅游景区形象，因此，有必要采用一些控制措施：在规划布局上实行分区配置；确立设施规划与设施标准，确定价格、质量和商业道德标准；各种设施及服务能力要合理配置，

在现有旅游交通条件下，达到方便实用。例如，某个地方宜于开办时装和珠宝店，那么在附近就可开设一个为购物者服务的快餐酒吧，或有一个药店或其他娱乐场所。

在辅助设施规划上，往往通过控制大的设施，而把部分设施出租给个体业主能产生最好的效果，以租赁的办法建立业务管制来指导与控制其密度与外观。另外有效的办法是对于旅游景区所有设施都采用统一的格式与统一装饰。这种通过分区的办法来控制私有设施的案例，成功的有美国加州的蒙特利。在这些设施的经营管理上，国外多采用公共部门建成后以出租形式租赁给地方小业主经营。这种通过产权对经营权的牵制作用有利于防止盲目杀价竞争或规划、装饰及服务质量的低劣。

（2）景区旅游的基础设施配置

①供水系统。供水应不间断且方便、充足，水质良好。许多游客不愿在那些没有设置水质提纯设备的饭店过夜。在旅游景区开发项目中，提供大量的纯净水耗资巨大，提供决策的方案和财政预算包括修建水库，大水池，广布钻井、输水管网。

②供电系统。电力系统对旅游形象影响较大，必须保障供电平稳而且连续，有必要建设高压供电网或预备发电设备，在旅游景区的每个饭店和居住设施中要安装变压器。

③通信设施。电报、电话与电传都需要提供，对游客而言电话尤为重要。无论是客房电话还是长途电话，它是游客与外界联系的桥梁。因此，一般要求每间客房都有电话。

④保健设施。保健设施，包括旅游景区的医院、饭店的医疗室等，负责游客的伤病急救处理、常见病的治疗与护理，以保障游客生命安全。景区保健设施的配置应完善、高效，能够及时处理相应的游客紧急医疗事故，为游客提供安全的

医疗保障。

⑤排水系统。一个旅游景区的饭店每天每间客房都要消耗大量的水。在我国的大多数旅游景区，排水系统的规划是个较为复杂的问题。下水道系统需求可能超过预先的计划，因此，下水道的规划设计十分重要。

⑥内部交通网络。内部交通类型的确定主要依赖景区内景点布局结构及旅游景区自然特征，通过计算游客的交通需求及正常的非游客交通需求便可以确定交通的总需求。在估算交通设施需求时，一定要考虑季节性引起的拥挤与设施闲置。安全、便利、舒适、准时是交通需求估算的基本准则。❶

二、旅游景区的发展趋势

近年来，旅游者变得对环境较为敏感，且注重环境的质量，对环境更友好。为了持续发展，在规划时要求对资源的消耗最小化，以保障后代的使用。与大众旅游不同的是，绿色旅游倾向小规模，为当地人所有，因此消极影响小，经济效益对外流失少，大量利益为当地人享受；而大众旅游则是一种大规模、跨国界、高泄漏的旅游发展方式。旅游景区开发比任何一种开发更注重可持续性，强调把开发和保护融合成一种持续的永久的合作关系。

传统的旅游发展是在没有规划的情况下进行开发的，现代旅游发展要求先规划后开发。传统的规划是在缺乏要求预测的前提下，带有投机心理进行开发；现代的规划注重预测，并对开发进行适当的限定。传统的开发只注重经济效益，现代的旅游开发要求综合考虑社会、经济和生态效益。在交通方式上，现代规划更偏好公共交通。在承载力规划上，以前往往以旺季需求为参照，容易导致设施在

❶　张雨晴，杨嘉琳. 定制旅游景区安全服务管理模式的探索 [J]. 中国商贸，2011，（12）：146-147.

旅游淡季闲置，而现代规划中承载力的确定以平均需求为参照。需求的差异化对规划的影响主要表现在突出市场定位的作用，设施设置注重参与性、选择性与个性化。❶

据中国旅游研究院预测，2020 年全年，国内旅游人次将负增长 15.5%，同比减少 9.32 亿人次；国内旅游收入负增长 20.6%，全年旅游收入减少 1.18 万亿元。疫情影响下，跨省、长途与出境游受到限制，2021 年短途周边游和本地游仍将受到大众青睐。很多人对长途出游仍有顾虑，而且长假期间大多数中小学校仍然对学生的出行进行限制约束，也就导致了很多家庭不能远游，就这使得人们有时间对短途周边游和本地游进行深度挖掘，"重新发现周边和家门口的美景"就成了一种新趋势。

---

❶ 刘佳芳，刘纯 . 景区规划与开发可持续发展的战略选择——以循环经济为视角 [J]. 改革与战略，2010，26（8）：75-78.

第二节　旅游景区的设施与运营规划

一、旅游景区的设施规划

景区设施是景区为旅游者和当地居民提供旅游体验服务和其他服务的载体，即景区建筑物、场地空间、设施设备的总称。景区就是凭借它来为旅游者和当地居民提供服务的。

景区设施规划设计首先要考虑上位规划和本规划的要求，做好市场调查工作。在设计的时候要综合考虑总体规划、建筑设计及设施规范标准的要求，并要从设施使用者的安全便利的角度慎重考虑，同时还要结合设施投资建设的成本与效益分析，综合权衡，进行系统设计。要考虑的因素可以分为自然因素和人文因素两部分。其中自然因素包括景区地质、地貌、气候（气温、降水、风、光照、湿度、雷暴、雾凇、雨凇）、水文、生物、土壤等基本情况。人文因素包括旅游政策、区域经济发展水平、旅游文化、人文旅游资源禀赋、设施现状、景区规划、设施管理水平等内容。❶

---

❶　谢淑丽. 旅游景区环境设施的个性化设计——以西昌邛海公园为例 [J]. 装饰，2013，（4）：137-138.

（一）旅游景区的基础设施

景区基础设施是保障景区各项接待、经营活动正常开展的基础，是在景区建设中需要提前安排的发挥基础作用的设施。景区基础设施包括交通设施、信息设施（含电子门禁设施）、水电气热供应设施、环境卫生设施、风险防治设施等部分。

1.交通设施

（1）基础设施的功能

① 改善可进入性。旅游景区要做到让游客进得来、散得开、出得去，就必须依靠完善的景区交通设施。

② 满足旅游者需要。满足游客在景区对水、电、气、热、通信等的需求。这类设施会涉及管道、网络等的敷设，因此在景区规划设计当中应做长远规划，进行合理设计。

③ 提高旅游服务质量。营造优美的环境，帮助旅游者获得满意的旅游经历。良好的旅游体验建立在优美的环境和旅游者的文明旅游行为基础上。

④ 减少旅游风险。减少、消除旅游者在旅游过程中可能出现的风险和灾害，保障旅游者人身财产安全。

（2）基础设施的设计原则

① 前瞻性。景区基础设施建设工程量大，投资大，且多为固定设施，因此对基础设施设计要有前瞻性，为景区留有发展空间和余地。

② 科学性。要特别注意按景区的自然条件（含地质地貌、气候、水文、植物等要素）来规划基础设施，并对项目进行合理选址和线路安排。

③ 标准性。对基础设施的设计、建设、管理、维护、更新要遵照相关规定执

行，包括国家和地方政策、行业标准规范、行政规章等。

（3）基础设施的规划程序

① 对景区现有的基础设施类型、规模和使用情况进行调查。

② 根据旅游规划的性质和等级，决定需要规划的基础设施的类型，即决定需要规划哪些基础设施。

③ 结合景区未来不同规划期内的接待规模预测，决定基础设施的建设规模和设施容量。

④ 对景区基础设施进行规划设计。

2．信息设施

（1）景区信息设施构成

① 电信设施。景区信息传递途径包括电信、邮政、广播和电视四类。根据《中华人民共和国电信管理条例》的电信业务可将电信设施分为固定电话业务设施、移动网电话业务设施、卫星通信业务设施、互联网及其他公共数据传送业务设施、邮政设施、广播设施、电视设施。

② 景区信息设施。景区信息设施可分为信息传输网络、信息传输建筑物及信息传输设备三大类。其中，传输网络由电缆、光缆等组成；建筑物包括电话亭、移动网络基站、卫星地面站、邮政局所、无线及有线广播电（视）台等各种建筑物；传输设备包括程控交换机、无线收发信机、卫星通信解调器、计算机、电源等。

③ 电子门禁设施。景区电子门禁设施，即景区电子门票自动售检票系统，该系统融计算机技术、信息技术、电子技术、机电一体化及加密技术于一体，具有很强的智能化功能。景区电子门禁系统包括电子门票卡、IC卡读写终端设施、指纹验票机、电子门票管理软件、专用服务器、PC计算机等设备。其中，电子门票卡分为条码型、磁卡型、IC卡型和指纹型几种，指纹验票机含指纹仪、IC卡

读写器、三辊闸、控制主机等设备。

（2）景区信息设施设计

① 设计康则。景区信息传输网络设计需要考虑国家电信网的专项发展规划，同时要从景区的发展角度留有发展空间，还要避免与其他设施管网的干扰，并考虑地貌、气候等自然地理特征。在设计时要遵循如下原则：第一，长远规划。信息技术处在飞速发展阶段，新技术新成果层出不穷。因此要为将来信息技术新成果的推广应用留下空间。第二，供线最短，障碍最少。从经济成本的角度来设计。第三，安全性最强。信息设施在景区正常运营中起着关键作用，因此要做好风险应急预案，以减少各种可能的风险，确保景区通信畅通。

② 信息传输网络设计。景区的信息传输网络包括通信电缆、通信光缆和电视、广播线路三类。通信电缆分为廊道沟道、直埋、墙壁、架空四种敷设形式。在设计时分别有不同的要求，可参照《电信专用房屋设计规范》《水利水电工程通信设计技术规程》等规范。通信光缆设计要选址在地质稳固、地势平坦的地段，少穿越水塘沟渠，避开滑坡地段和干线铁路及公路绿化带，光缆敷设有直埋、管道、架空等三种形式。有线电视、广播电缆设计与前述通信电缆、光缆类似。

③ 信息终端设施设计。在景区信息建筑物设计中，公用电话亭在位置、规模、外观、材质、色彩等方面要考虑与景区文脉地脉相符。对于移动通信基站，更要考虑与环境协调，可采用隐藏和造型设施。另外，要从人体安全的角度来选址，因为通信基站周围有较强的电磁辐射。对景区要进行数字化设计，包括办公自动化系统构建、安全监控系统建设、电子门禁系统的建设、电子商务和基础资料数据库建设等内容。景区的数字化是未来景区管理的发展方向，有些景区已经付诸实施并取得了较好的效果。❶

---

❶ 刘学兵，孙晓然.我国旅游景区管理创新探析 [J].中国商贸，2011，（11）：156-157.

3. 水电气热供应设施

（1）给排水设施。景区的给排水设施包括给水设施和排水设施。根据水的用途可以将景区用水分为生活用水和景观用水，生活用水满足游客、景区居民和工作人员的饮用、烹饪和冲洗等生活需要，景观用水则用于景观水体、绿化浇灌等用途。

① 给水设施。给水设施包括水源与取水工程、水处理工程、给水管网工程。对景区给水设施的规划首先要估算景区的用水量，参照相关国家标准如《地表水环境质量标准》《地下水质量标准》的规定，规划景区的给水设施。参考《生活饮用水卫生标准》《城市污水再生利用城市杂用水水质》等标准的要求，规划给水处理设施。对景区给水管网建设与敷设要进行规划设计。

② 排水设施。景区排水设施可以划分为污废水处理系统和排水管网系统。雨水可以通过明渠流到河流湖泊，也可以通过管道经处理厂处理后用于园林和消防。污水的处理要通过污水管道和处理厂净化后排放，水中杂质经沉淀池沉淀后由人工清运固体垃圾。在规划设计时首先要对雨水径流量和污废水生成量进行估算，然后对排水管网、污水处理设施和景区排水附属设施分别进行规划设计。对污水的处理可以采用建设污水处理厂、公厕污水处理设施、地埋式小型污水处理站和人工湿地污水处理设施等方式进行。景区排水附属设施有排水泵站、井管、出水口及雨水蓄水池。

（2）电力设施规划。电力是景区的动力之源，景区所有设施和经营场所的正常运行都离不开电力。对景区电力设施规划要从以下方面分析。

① 景区供电：负荷。景区供电负荷有季节性、密度小、分布不均匀和地区差异性大等特点，需要借助一些电力负荷预测方法来预测电力负荷。

② 景区供电电源。供电电源主要有变电所和发电厂（站）两种形式。

第一，变电所。变电所是景区最主要的供电设施，由变压器、配电装置、屋外构架以及辅助装置组成。变电所的设计要考虑以下原则：合理确定变电所容量和变压等级；靠近负荷中心，以降低损耗、方便检修；要有多方位进出线走廊，便于各级电压线的进出；选择地质基础好的区域，如百年一遇洪水位以上的非雷击区等；结合景观美化和设施的其他要求综合考虑。

第二，水电站。对于小型水电站的规划设计要慎重。水电虽然有成本低、清洁环保的特点，但建设不当会给景区的生态系统造成不可逆转的破坏。建设水电站要选择河流落差大、水流稳定的地方，并要方便电力输出，当然还要与景区总体规划相符。

③景区供电网络。对景区的供电网络要进行科学设计，统筹兼顾各种设施的布局规划，考虑近中远期的配套衔接，节约用地，综合开发，统一建设，减少对景区的视觉污染。

④景区电力线路。景区电力线路有架空式和地下式两种敷设方式。应根据景区的自然地理状况、旅游设施规划以及电力设施的投资预算来选择电线的敷设方式。

第一，架空敷设。架空式电力线路敷设主要适用于地形地貌复杂、跨距大的景区。要从路径选择、线路架设和安全保护的角度进行设计。

第二，地下敷设。地下敷设电缆的方式有直埋、隧道、沟槽、排管、水下穿管及悬挂等多种形式，根据施工条件、电压等级、电缆数童和投资预算等因素确定敷设方式。

4. 环境卫生设施

景区的环境卫生设施主要有公共厕所、垃圾箱、垃圾处理厂、粪便无害化处理厂。

（1）设计原则

①协调性。在对景区环境卫生设施设计时，要考虑与景区的自然条件、景区

总体布局和其他设施规划等方面的协调，遵循与周边景观相协调的原则。

② 特色性。环境卫生设施应具有地域和文化特色。尤其是对厕所和垃圾桶的设计，应做到既与景区整体环境风格一致，又能体现特色。

③ 实用性。环境卫生设施设计以实用为原则，既要美观，更要实用。如垃圾箱要方便清洁，实用耐用。

④ 经济性。环境卫生设施规划要考虑建设成本和施工条件，使设施既能满足旅游者的需求，又要发挥最大效益。

⑤ 人性化。针对不同类型残障旅游者对景区旅游厕所进行无障碍设计。

⑥ 规范性。参照《旅游区（点）质量等级的划分与评定》的规定来设计景区环境卫生设施。针对旅游厕所，可以参考《旅游厕所质量等级的划分与评定》的要求来设计。

（2）环境卫生设施设计

① 垃圾箱。垃圾箱的设计本着美观实用的原则来设计，所用材质要容易清洗，可设置分类垃圾箱，垃圾箱造型应与景观相协调，大小要符合人体工程学特点，应设置在景区出入口、服务区、游憩区等客流量大的区域。

② 垃圾处理厂。景区垃圾收集之后要转运至景区外的城镇垃圾处理厂或景区内的垃圾处理厂进行集中处理。景区垃圾处理厂的设计要参照城市生活垃圾处理厂的设计要求，并注意：第一，选择地质条件较好、远离水源及主要景观的地段建设；第二，对垃圾分类处理；第三，对厂区进行合理布局设计；第四，注意以外墙、屏障遮盖；第五，对厂区建筑外观进行景观协调处理，并在厂区外围形成绿化带。

5. 风险防治设施

景区风险防治设施分为自然灾害防治设施和人为灾害（事故）防治设施。自然灾害防治设施有防洪设施（含建设堤防工程、河道及堰塘洼地整治工程、水库等）、泥石流治理设施、滑坡治理设施（排水设施、支挡工程）、防雷电设施等。人为灾害（事故）防治设施有消防设施和森林草场防火设施、防盗设施、安全护栏等。紧急救援设施有搜索定位设备（GPS仪、生命探测仪）、救援实施设备（常规场地、狭窄场地、照明设备）、医疗设施、紧急救援场所（避难场所）。景区风险防治设施规划是景区安全和游客人身财产安全的重要保障，也是降低旅游者在景区游览可能面临的各种风险的必要设施。对景区风险防治设施的规划要参考相应的国家标准和行业规范。❶

（二）旅游景区的接待服务设施

景区接待服务设施是指景区为了帮助旅游者顺利完成旅游行程，在食、住、行、游、购、娱等方面为旅游者提供服务的有形设施载体。根据前述分类，可以将接待服务设施分为导识设施、康乐设施、环境景观设施、住宿设施、餐饮设施和购物设施等六大类。由于旅游规划有发展规划、总体规划和详细规划之分，在不同性质规划中对接待服务设施的要求是有区别的。在旅游总体规划中，注重宏观方面的住宿设施、旅行社设施、购物设施、旅游中心城市（镇）游客中心等的安排。而在详细规划中，就比较注重微观方面的旅游景区游客中心、景区住宿、餐饮、娱乐、观赏等设施的安排。因此，对景区接待服务设施的规划首先要明确规划的要求，然后有针对性地进行设计。以下从导识设施、康乐设施、环境景观设施和景区住宿餐饮设施等方面来具体分析规划设计的相关内容。

1. 导识设施

导识设施是引导游客、帮助他们识别景区指示信息的设施总称，可以分为交通导识类、服务设施导识类、景点导识类和无障碍化导识类等四种类型。其中，

---

❶ 万剑敏. 旅游景区规划与设计 [M]. 北京：旅游教育出版社，2012：16-17，132-200.

交通导识类设施设置在景区道路和游径节点的两侧，传递的信息有交通路线、节点名称、方位以及与其他节点的距离；服务设施导识类是为游客便捷使用景区设施而设置，位于景区宾馆、饭店、商店、厕所、车站、电话亭、消防栓等设施区域；景点导识类包括景点文字说明和图解、游客安全告示、旅游资源保护注意事项等内容；无障碍化导识设施是为特殊人群设置的导识设施，包括针对外国游客、老年游客、儿童游客及残疾游客的导识设施。

（1）景区导识设施设计原则

① 特色性。合景区文脉地脉和景区空间布局，考虑生态协调性和文化特色，确定景区导识系统的设计主题、布局和风格。

② 协调性。在设施造型、色彩、材质、光源、电路、位置等方面，要考虑与周边景观和设施的协调，达到体量、比例和视角的和谐。选择能吸引游客注意力的色彩和恰当表达设计者对当地文化解读所理解的材质。

③ 科学性。设施设计应符合人体工程学要求，考虑人的生理、心理的共性特征和个体化差异来进行设计。

④ 准确性。图解文字应简单、醒目、无歧义、大小合适。传递的信息应准确无误。

⑤ 规范性。遵循相关国家标准和规范要求，尽可能与国际接轨，采用统一的规范化导识标志。

（2）导识设施设计

① 道路导识设施。景区道路标志要遵循《道路交通标志和标线》的规范，从色彩、形状、符号、悬挂方式与高度、设置位置五个方面来设计。道路交通标线是镶嵌或涂在路面或路旁构筑物表面用于表示交通规则、警告或导向的示意线条、文字或符号。对道路交通标线的设计要从符号样式、线条虚实、颜色、宽度、闪现距离比例、反射性等方面考虑。另外，要考虑安全护栏、反光镜及防眩

设施。

②游径导识设施。游径导识设施即游览步道沿线的交通指示牌，一般设置在景区出入口和主要交通节点，要求文字正确、简洁明了，采用多种语言表示；文字字体大小合宜，与图形配合，具有较高的明亮度；所用标牌材质尽量选择本地材料，标牌设置高度结合人的视觉特点进行设计。

③景点导识设施。景点导识设施有景点解说牌、导游手册、视听解说设备等形式。景点解说牌在图形、字体、色彩、尺寸、高度、材质等方面的要求较之游径导识牌更加具体，但有时候可将二者合并处理，统一设计。景点解说牌位于景区入口、景点、重要休憩点。导游手册的设计要符合《公共信息导向系统要素的设计原则与要求》的要求，做到大小合适、纸张环保、图文并茂、信息翔实。视听解说器是利用视听多媒体技术进行解说的设备，需要无线电讲解机，可以进行多语言的讲解设置。

④服务导识设施。服务导识设施是对景区设施的导引系统，设置在景区的入口、交通节点、设施内部，包括旅游服务设施导识标牌、基础设施导识标牌。其中，游客中心是接待服务设施的重要组成部分，游客中心的设计要求与后面食宿设施设计要求有共同的地方，但也有差异，要参照《旅游区（点）质量等级的划分与评定》的规定来设计。

⑤无障碍化导识。针对老年人、儿童、残疾人以及外国游客的特殊情况，景区需要进行无障碍化导识设计。第一，针对外国游客，在导识设施上可以设计中、英、日、韩等多种语言说明；第二，针对老年人感觉退化的特点，在标志的颜色、字体、明亮度上要予以考虑；第三，针对儿童，设施应选择图形化的导识标志；第四，针对残疾人（如视觉障碍、听觉障碍、行动障碍等），要进行可听、可触摸式无障碍导识设计，让残障游客也能欣赏旅游景区的美景，并感受景区设施的人性化设计，体验人文关怀。

2．康乐设施

康乐设施是景区为促进游客身心健康而配置的休闲、消遣设施。传统的康乐设施是旅游饭店的一个部门，随着大众休闲康乐需求的增加，康乐设施逐渐从旅游饭店脱离出来，成为独立的经营组织。

（1）康乐设施分类

根据业务性质可以将康乐设施划分为体育健身、疗养保健、游艺和文艺娱乐大类型。

① 体育健身设施。体育健身设施包括球类设施，如网球场（馆）、篮球、排球、羽毛球、乒乓球场（馆）、高尔夫球场、保龄球馆等；水上运动设施，如游泳池（馆）、沙滩浴场、帆船运动场等；冰雪运动设施，如旱冰场、滑冰场、滑雪场等；以及健身房、体育场（馆）、赛马场、滑草、蹦极等运动设施。

② 疗养保健设施。疗养保健设施是以美容美体、疗养保健为目的的场所及设备，是度假与疗养类景区的必备设施，包括温泉、桑拿、按摩、氧吧、沙疗、泥疗等类型。

③ 游艺设施。游艺设施主要是指电子游艺设备和棋牌游戏设备。

④ 文艺娱乐设施。文艺娱乐设施是指通过画面、文字、演出或参与的形式获得精神享受和增长知识的娱乐项目，如影院、文艺晚会演出剧场、歌舞厅等。

（2）康乐设施选择与布局

通过科学的市场调研，结合景区的自然条件选择合适的康乐项目。在经营管理过程中，要对康乐设施进行更新，使之更加适应游客需求。在布局的时候要遵循如下原则：第一，因地制宜。选址要考虑与现有的景区产品主题、功能分区和环境特征相结合。第二，保持开放性。保证良好的空气流通性和采光性，便于游客集中和分散。第三，节约成本。结合成本和投资回收预期设计康乐设施，充分考虑设施的经济性。第四，与景观协调。设施的造型、规模要充分考虑与景区自然人文环境的协调，并尽量减少环境污染。

（3）康乐设施设计

康乐设施既要标准化、先进适用，又要突出特色。

① 健身房。健身房是借助器械来强身健体的场地。健身房常见的健身器械有跑步机、自行车练习器、举重架、哑铃等，各器械之间保留 1.5~2.0 米的间距。此外，需配备更衣室、淋浴室和卫生间等辅助设施。健身房可划分为伸展区、心肺功能练习区、体能训练区、舞蹈练习区、体能测试区 5 大区域。依据健身器材数量和项目确定建筑面积。普通健身房面积为 100~200 平方米，室内净高 3 米以上，注重光照、温度、湿度、通风条件。

② 球类运动设施。根据各种球类运动项目的规则和要求来进行设计。

③ 水上运动设施。水上运动有游泳、滑水、帆船、赛艇等类型。开展水上运动最重要的设施就是有符合要求的水体。水上运动有室内与室外之分。对游泳池、跳台、滑水场、赛艇场和帆船运动场的设计需要参考相应的规范和标准。

④ 其他健身设施。其他健身设施包括户外运动项目和极限运动项目设施。前者有户外拓展训练、野外定向运动攀岩、探险、自行车、滑草等项目，后者则有蹦极、野外生存、滑翔等项目。其中，攀岩作为一项休闲健身项目，近年受到了青年人的青睐。攀岩运动可以起到锻炼肌肉、骨骼力量、培养人的坚定意志的效果，但也有一定的难度和技巧。攀岩运动场也有室内室外之分。室外攀岩场地一般为经过选择和清理的天然场地，室内攀岩场地则是模拟自然环境采用人工材料建设的小型攀岩设施。对攀岩场所的设计要遵照国际攀登联合会的规定，采用经过认证的材料和装备。另外，一项比较刺激的运动项目是蹦极。普通蹦极场一般建设在峡谷桥梁、悬崖绝壁和城市高楼上，用伸出的跳台作为蹦极场所。

⑤ 疗养保健设施设计。疗养保健项目包括温泉疗养、专业体检、按摩、泥疗、沙疗等。疗养保健设施则包括浴室、桑拿房、按摩室、美容美发室。浴室一

般设置在建筑的底层，对浴室的墙面、地面要采用防腐蚀和耐潮材料，并从通风和采暖的角度进行考虑。中等规模浴室面积可以按照 10~15 人的容量标准来设计。桑拿按摩池一般设有三种不同温度的水池：冷水池、温水池和热水池。另可配备按摩浴池，通过高压喷射水龙头来对人体进行按摩。池深在 90 厘米左右。

3. 环境景观设施

（1）环境景观设施构成。

景区环境景观由景区游憩设施（含观景亭廊、椅凳等）、景观照明设施（含夜景照明和照明灯具）、景观植被（含风景林、草地、花圃等）、景观水体、景观雕塑等构成。

（2）设计原则

① 生态性。景区环境景观是景区质量的重要评价标准，也是游客对景区感受的最直接部分。景观设施与景区生态环境要协调，保证景区生态可持续发展。

② 经济性。环境景观设施的成本较高。在规划时要根据景区特点、资金来源和市场需求选择合适的景观设施，使景观设施综合效益最大化。

③ 文化艺术性。环境景观设施本身是景区环境的一部分，在设计时要结合景区的人文特质，充分挖掘文化内涵，凝练文化元素，使景观设施成为展示景区文化艺术性的重要载体。

（3）环境景观设施设计

① 景区游憩设施

第一，亭。亭是指有顶无墙，供游人休憩用的庇护性设施，造型小巧，有独立而完整的形象。古代的亭一般建设在路旁供人休息，后来慢慢演变为园林建筑。亭四面无墙，由顶和柱构成，亭下可以点缀桌椅栏杆，庇荫、纳凉、眺望和点缀风景之用。亭子的选址不受方向控制，只需利用天然地形，造型上因地制宜，可选址于临水、山地和平地。临水亭又可分为水边亭、近岸水中亭、岛中亭、桥亭、溪涧亭；山地亭则可分为山顶亭和山腰亭两种。亭的构造分为亭顶、亭身和亭基三部分。亭基多为混凝土材料，根据荷载程度可增加钢筋、地梁等材料。亭身（亭柱）材料有竹、木、石等，现在常用钢筋混凝土结构，柱有圆柱、方柱、多角柱之分。亭顶梁架可用木料，也可用钢筋混凝土或金属铁架做成。亭顶形式则有攒尖顶、歇山顶、卷棚顶、盝顶、单檐、重檐等。顶盖材料有瓦、茅草、树皮、竹片等。

第二，廊。廊是亭的延伸，具有引导客流、视线，形成交通路线，连接景观和供游客休息等多种功能。廊是有顶盖的游览通道，可防雨遮阳，也可自成风景。廊的宽度宜在 3 米左右，柱间距以 3 米左右为宜，高度在 2.2~2.5 米之间。

② 景观照明设施。景观照明设施可以增强物体的辨别性，提高游客出行的安全度，营造环境氛围。凡门柱、走廊、亭舍、水岸、草地、花坛、道路等地方都应该设置照明设施。景观照明以自上方均匀投射为佳，电源配线应尽量为地下缆线配线。

③ 景观植被。草坪在旅游景区中是形成开阔空间的构景要素，草坪植物多为适应性较强的多年生禾本植物，优良的草坪植物应具备繁殖容易、生长快、耐践踏、耐修剪、绿色期长、适应性强等特点。草坪植物的选择要因地制宜。林下草坪应选耐阴草种，水边宜选耐湿草种，运动场和休憩场所宜选择耐践踏草种，北方宜选择耐寒的草种，南方则宜选择耐湿和耐酸性土的草种。❶

4. 住宿与餐饮设施

（1）规模设计

景区住宿餐饮设施的规模要根据游客的目标接待量和可用的场地空间条件来确定。

① 住宿设施规模设计。首先要拟定基本空间标准，即单位游客或设施所需占

---

❶ 闫红霞. 旅游景区的生态化建设研究 [J]. 特区经济，2007，219（4）：191-192.

用的空间面积。在此基础上要估算客房数、床位数和餐座数。根据目标市场的特点确定客房房型比例，结合床位数来确定客房数量。在景区中，一般以双人间即标准间为基本客房类型，不同类型、不同等级饭店的房型配置的差异较大。饭店客房数的确定还要考虑景区的环境容量、设施容量和社会容量，需要根据这些容量进行修正。

② 餐饮设施规模设计。餐座数要根据餐厅的性质来计算，景区餐饮设施包括饭店餐饮部和社会餐馆。饭店餐饮部只是住宿设施的一个业务部分，设施规模要依据住宿设施规模来设计。

（2）建筑要素设计

① 星级宾馆设计。

第一，建筑风格和造型。星级宾馆建筑风格和造型是科学和艺术的有机结合。在对景区的文脉和地脉进行调查分析的基础上，发掘可以利用的元素，进而进行建筑风格和造型的设计。景区饭店的设施设备应强调"以人为本"、安全、健康和舒适的原则，考虑节能减排，多采用太阳能、风能和其他清洁能源，减少对不可再生能源的依赖。

第二，建筑材料。建筑设计尽量做到与周边环境和谐，避免使用现代化的建筑材料，代之以具有地域特色的传统工艺和材料。景区饭店的建筑材料应尽量运用天然材料，以石材和木材为佳。尽量不使用化学合成材料和有放射性的石材，建筑与室内装修材料应符合安全规定，确保游客的安全和健康。运用特殊材料和技术减少噪音，为客房提供安静环境。运用轻型、可回收、低碳的建筑材料，做到建筑环保、节能化。在建筑材料选择上要避免盲目跟风和追求奢华的错误理念。

第三，建筑尺度。建筑尺度以不影响景区整体景观效果为限，结合游客规模和心理舒适度进行合理设计。

第四，建筑结构。在建筑结构上，根据人性化、景观化和绿色化的要求，参照地域背景进行差异化设计。如在热带、亚热带地区，要营造通透性空间，根据气候和盛行风向特点，降低日光直射，加强通风纳凉，做到空间通透舒适，并达到节能减排的效果。而在温带、寒带地区则恰恰相反，建筑设计尽量以房屋保暖为原则。

第五，色彩。结合建筑美学和环境心理学的知识选择建筑色彩，达到"大调和、小对比"的效果，采用与周边环境相协调的自然色和具有地域文化内涵的色彩，并考虑节能和舒适的要求，进行色彩的选择。遵循色相宜简不宜繁，彩度宜淡不宜浓，明度宜明不宜暗的原则，多运用同类色、邻近色和对比色。

第六，绿化。要对建筑物内外空间进行适度绿化。外部采用复层植被，栽植适应性强的原生植物，通过植物的不同形态、季相和色彩点缀饭店。在饭店内外空间宜设置水池、绿覆空间，对屋顶、女儿墙、阳台、屋面和天井进行绿化。室内绿化装饰可采用盆景、盆栽和插花艺术。

第七，无障碍设施。要在饭店室内外设置无障碍设施，配备坡度小于1度的残障通道，在必要的地方设置盲道，并要对地面进行防滑处理。

② 其他住宿设施设计。与星级饭店比较，廉价旅馆（含家庭旅馆、青年旅舍、汽车旅馆等类型）的功能侧重于安全和卫生，并突出自己的风格和特色，在舒适程度上要求较低，建筑设计也比较简单。另外，还有一类特色旅馆，如森林小木屋、蒙古包、帐篷等，设计重点在于突出特色性、体验性和趣味性，也要顾及安全、卫生方面的要求。

③ 餐饮设施设计。餐饮设施如餐厅、餐馆、茶楼、咖啡馆等在设计上要遵循人性化、绿色化、经济性和艺术性的原则，也要考虑造型、尺度、结构、色彩、材料、内部空间和设备配置等内容。内部空间装饰色调选择要结合顾客的心理感受，红色给人隆重、喜庆的感觉，橙色给人活泼的感觉，黄色给人高贵的感觉，

绿色给人健康和安全感，蓝色给人凉爽的感觉，白色给人清洁、轻盈的感觉。浅色调让人轻松，深色调让人沉重。在茶楼、咖啡馆可采用柔和的色调营造安静适宜谈话的氛围，在快餐厅则可采用鲜明活跃的色调来激发游客的食欲。

（三）旅游景区的娱乐设施

1. 娱乐设施的作用

（1）创造旅游吸引物，弥补天赋资源的不足。景区的娱乐项目可以不受自然条件的限制，根据市场需求进行创造，对于天赋旅游资源较为丰厚的景区，娱乐项目能够为游客提供更多的景区内观览体验的选择，而对于天赋不足的景区，娱乐项目则可以成为其最主要的招徕客源的旅游体验对象。

（2）增强游客体验，提高旅游满意度。景区娱乐服务不仅能让游客欣赏精彩的节目表演，同时也能让游客主动参与到娱乐活动中来，在体验的过程中获得美好、愉悦的享受，从而增强景区对游客的吸引力和满意度。

（3）带动相关要素发展，提升景区经济效益。娱乐项目本身利润空间巨大，是景区的重要收入来源。此外，娱乐项目的开发，可以延长游客停留时间，有效改善景区收入模式，进而拉动吃、住、购等其他要素的发展，促进景区经济的良性循环。

2. 娱乐设施的产品设计

景区娱乐项目的市场化要求很高，需要严格按照市场规律进行运作，但景区同时又是一个精神文化产品，过分的商业化会使项目陷入短期的不可持续发展，如何设计出符合市场需求的娱乐产品，处理好商业利益与景区良好社会形象两者之间的关系，是娱乐项目能够成功运作的前提。景区娱乐产品设计需考虑四类因子：旅游资源（旅游价值）、与旅游可达性密切相关的基础设施、旅游专用设施和旅游成本因子（费用、时间或距离）。

（1）景区环境分析。在设计景区娱乐产品之前，首先要对景区所处的宏观和微观环境进行分析，研究社会、政治、经济、文化、习惯、地理、心理、合作伙伴、竞争对手等诸多因素，综合分析景区资源的优势和劣势，从而选定目标顾客，对产品进行市场定位，做出正确的市场预期。

（2）确定产品主题。产品主题通过产品名称显示。名称是产品性质、大致内容和设计思路等内容的高度概括，直接反映的是娱乐产品的主题。线路名称应简短（4~10字），切合旅游景区的主题，突出当地的特色，并且富有吸引力。

（3）设计产品内容。景区娱乐产品的内容是能否吸引游客参与的前提。没有充实的娱乐内容，娱乐产品只不过是一具空壳，娱乐活动的内容应当符合四个设计原则，即享受性原则、新颖性原则、刺激性原则、对抗性原则。

（4）进行市场运作。娱乐项目要取得成功，不仅要有好的项目策划和设计，还需要有符合市场规律的运作方式。策划的开始，已经为经营定了主调，完美地将策划方案付之于经营，认真执行与因时因地的灵活调整也是非常重要的。而且，娱乐潮流日新月异，必须根据市场需求不断调整运作策略，适时地增加新的娱乐方式，推陈出新，让游客有常来常新的新鲜感。

（5）建章立制完善管理。景区娱乐项目通常会引起大量游客聚集，此外娱乐项目大量采用高新技术，追求惊险、刺激，维持景区娱乐活动秩序，确保项目设施的安全十分重要。因此，娱乐项目的制度管理不可或缺，其中又以安全制度更为突出。

（6）反馈评估修正。娱乐项目试运行之后，需要不断收集游客的反馈意见，对项目的市场定位、内容设计、运作方式进行评估，及时纠正失误，保证娱乐活动朝健康的方向发展，确保实现赢利目标。

3. 娱乐设施的运作策略

（1）品牌化运作策略。随着景区娱乐产品不断发展，品牌将成为景区娱乐经营中最重要的因素。娱乐产品具有生产与消费的同时性，游客在购买前无法分辨娱乐产品的优劣，因此品牌对游客的选择行为具有重大的影响。

（2）市场化运作策略。景区举办娱乐活动，开发娱乐产品主要的目的之一就是增加创收途径和扩大社会效益，娱乐项目的举办应当遵循一定的市场规律，进行市场化运作。一方面要考虑成本因素，时间、地点的选择和人工的使用要尽可能符合成本节约原则；另一方面要力求达到效益最大化，这里所说的效益不仅指经济利益，还包括社会形象收益和为当地经济发展带来的其他社会效益。

（3）待续创新策略。景区娱乐市场竞争激烈，一个好的产品推出，很快会出现大量模仿产品，景区必须持续进行创新，打造独具特色的娱乐精品，才能保持强大的生命力。比如迪士尼公司长期坚持采用"三三制"原则，即每年要淘汰三分之一的硬件设备，新建三分之一的新概念项目，每年补充更新娱乐内容和设施，使产品永久保持吸引力，不断给游客带来新鲜感。

（四）旅游景区的主题公园

1. 主题公园的功能

由于主题公园的人造景观占了主体，其前期工程建设投资巨大，因此景区经营者通常希望尽量扩大旅游者接待规模。但从旅游者角度考虑，他们希望单位空间的旅游人数在一个合理的、可以接受的范围内。不同类型的旅游项目所承载的最佳旅游者密度不同，如山地风景区为 40~60 平方米 / 人，古典园林 20 平方米 / 人，动物园 25 平方米 / 人，植物园 300 平方米 / 人，海滨浴场 10~20 平方米 / 人，游乐园 10 平方米 / 人等。因此，主题公园在进行功能分区设计时，应综合考虑高、中、低密度功能区的合理配置，既要使景区能够维持较大规模的游客接待量，又要保证游客在景区游玩时感觉舒适。

一般而言，主题公园功能分区主要包括四种类型：以现代化游乐项目为主的游乐区、以特色人文景观为主的观光游乐区、以自然景观为主的生态休闲区、以旅游者接待设施和服务为主的旅游接待服务区。

（1）以现代化游乐项目为主的游乐区属于游客密度较大的区域，如横店影视城的梦幻谷游乐区、香港海洋公园的山上机动游乐区，该类区域的设置能够有效提高主题公园项目的游客容量。但这类游乐区也存在个性不鲜明、易被仿制的缺陷。目前，国内许多景区内的游乐项目都十分相似。

（2）以特色人文景观为主的观光游乐区是指主题公园内的购物区、表演观赏区和以人文遗迹为主的区域，是中密度游客容量区域。这类分区能够在一定程度上提升景区游客容量。

（3）以自然景观为主的生态休闲区属于低密度旅游接待区，其功能为给游客美的感受，怡情悦神为主。

（4）以旅游者接待设施和服务为主的旅游接待服务区是典型的游客密集区，在为旅游者提供餐饮、住宿等服务的同时，也延长了旅游者停留时间，增加了景区的经济收益。

主题公园的功能分区设计不仅要使各项旅游功能完善，相互配合，还要为后期旅游活动的组织和设计创造条件。不同类型的旅游分区应相互隔离，以避免产生冲突，如喧闹、嘈杂的现代游乐区和静谧的酒店住宿区要严格分区。同类型的旅游分区在大体集中的同时还要注意相对分散，以利于旅游者分散活动。

2. 主题公园项目的创新

在深圳锦绣中华和杭州宋城等主题项目成功开发的带动下，近年来我国相继开发了不少主题公园型旅游项目。但大部分主题公园非但没有实现预期效益，反而出现了经营危机，有些乐园甚至已经破产倒闭。而国外著名的主题公园，如迪士尼乐园、环球影城等，却在不断扩大市场份额。这些国外主题乐园的游乐项目，与我国主题公园并无明显差异，但在娱乐项目的持续创新开发方面，建立了良好的机制，使主题公园能够不断适应市场需求的变化，持续获得市场发展的机会。主题公园项目的创新，主要可以从以下方面着手。

（1）举办互动表演。相对于设备的更新和景物的变化而言，表演有更大的挖掘、发展和创新空间，互动式表演还能满足游客的参与性体验的需求，使景区具有变化无穷的吸引力。总体而言，互动表演具有塑造景区品牌形象、延长旅游者停留时间，从而增加景区经济效益，创新景区产品，延长景区产品生命周期等功能。

（2）开发节庆活动。主题景区节庆活动能有效地突出景区主题个性，促进旅游者与景区开展互动交流，形成更多的商业热点和卖点，增加市场的影响力，给固定的景区带来变化和吸引力，因而也是主题公园创新的手段之一。

（3）引进新型娱乐设施。主题公园应当准确把握游客需求的动态变化，从而有针对性地引进更新设施设备，尽可能地延长其生命周期。

（五）旅游景区设施设备的管理

1. 旅游景区设施设备管理的内容

旅游景区设施设备管理就是对各种设备从规划、选购、验收、安装开始，经过使用、维护、保养、修理到更新改造为止的全过程的系统管理活动。

（1）旅游景区设施设备管理的作用。加强旅游景区设施设备管理，使其经常处于良好的状态，不断合理地使用、改造、更新设备设施，是实现优质服务，保证景区正常经营活动的基本条件。设施设备的管理，是旅游景区服务与管理的一项重要内容，其管理的意义主要表现在以下方面。

① 直接影响景区服务质量的好坏。旅游景区是以提供旅游服务为主的经济单位。满足旅游者的需求、使游客满意，是景区经营服务的宗旨。旅游景区设施设备是否合理使用、是否科学布局，将直接影响到旅游景区的服务质量这些设施设备是否舒适、可靠、安全、美观，能否为游客提供游览的愉悦，是旅游者对景区服务管理的满意度、美誉度进行评判的一项重要指标，是提高旅游景区服务质量的保证。

② 影响着成本、价格、利润等财务指标。设施设备的投入、运行、维护都需要大量的资金，设施设备的投入是景区投资的重要部分。设施设备的贷款利息支出及运行、维护、保养、修理等费用，是构成景区经营成本的重要组成部分。盲目投资将大量增加设施设备的维护费用、贷款利息等，直接使景区的利润减少，影响到企业的经济效益。另外从门票价格方面看，只有以完好的设施设备作保证才能为游客提供优良的服务，才能有良好的声誉，景区才能制定较高的门票价格。否则，由于破旧的设施设备不能满足为游客提供良好服务的要求，要制定较高的门票价格，是完全不可能的。

③ 设施设备的安全直接影响着景区的声誉。设施设备管理是保证旅游者旅游安全的必要手段。保证游客的安全是第一位的，只有在保证游客安全的基础上，才能创造经济效益，提升景区的知名度。安全有效的设施设备，有利于旅游景区客源的稳定，有利于对旅游景区形象进行宣传。如果景区的设施设备经常运转不灵，存在安全隐患，甚至发生安全事故，不仅不能令游客满意，增加事故处理费用，而且还严重影响到旅游景区的形象，造成负面宣传效应。

（2）旅游景区设施设备管理的特点。由于旅游景区必须适应市场的不断变化，满足游客的需求，所以，旅游景区设施设备管理有其独特的特点。

① 综合管理能力强。旅游景区设施设备投资额大，维护保养费用高，而且设

施设备种类多，这就要求管理者的管理能力要强，否则将不能把旅游景区的设施设备管理好。

②技术水平要求高。由于旅游景区的设施设备越来越先进，结构也越来越复杂，对设备的操作人员和修理人员要求也越来越高。这就要求景区管理人员要加强对员工的培训，使他们能操作和维修先进的设施设备，保证景区各种设备的正常运转。

③管理效率高。旅游景区的设施设备往往是为游客提供服务使用的，这就要求这些设备不能出现故障和缺陷，一旦出现问题，必须立即修复。景区对设施设备的维修工作一般有具体的时间限制。所以，管理者必须能高效率、高质量地组织员工排除设施设备的故障，使游客满意。

（3）景区设施设备管理工作的任务。景区设施设备的管理工作主要是由工程部负责，它的管理工作任务主要有以下方面：

①负责景区的设施设备的配置。不论是开发新旅游景区还是改造旧旅游景区，只要增加新设施设备，工程部都要遵循"技术上先进，经济上合理，经营上可行"的原则负责选购、运输，安装和调试设备。

②保证景区设施设备的正常运转和使用。必须使景区的各项设施设备处于良好状态是保证旅游景区正常运转的前提条件。要保证设施设备处于良好状态就要使操作者和使用者了解设施设备的性能、功效和使用方法，以便能正确操作。

③景区设施设备的检查、维护保养与修理。景区设施设备的检查、维护、保养与修理是景区日常管理的重要部分。通过检查可以发现设施设备的问题并及时处理，以防止事故发生。通过维护保养，可以提高设施设备的使用率，延长其使用寿命。

④景区设施设备的更新改造。对老的设施设备进行改造或更新的管理工作主要是：制订更新改造计划；对要更新改造的设施设备进行技术经济论证；落实更

新改造资金来源；合理处理老设备。

（4）景区设备的资产管理。旅游景区资产管理是对设备进行分类、编号、登记、建档等管理，以避免资产流失和管理混乱，使设备管理规范化。

（5）旅游景区各种能源的供应管理。在保证各景区、各部门用电、用水的同时，工程部管理者要编制能源使用计划和管理计划，降低能源消耗，以提高景区的经济效益。

（6）对景区一定规模建设项目及设施改造的管理。景区大规模的设施建设由景区董事会或总经理统一管理，而一般小规模的建设项目由工程部直接负责设计施工。景区的设施改造无论大小都主要由工程部经理负责管理。

（7）设施设备材料及零配件的采购管理。景区设施设备的各种运转、维修、保养都需要相应的材料和配件，这些材料和零配件的采购、保管要由工程部负责管理。

2. 旅游景区设施设备前期管理

旅游景区设施设备前期管理的基本内容，主要包括设施设备的规划，设备的选购、安装、调试等管理。

（1）旅游景区设施设备的规划。旅游景区设施设备的规划内容包括：设施设备方案的提出、市场调查研究、投资决策和编制计划。

① 设施设备方案的提出。景区设施设备的设置方案是根据景区的特色、当前游客的需求及景区经营的方针制订出来的。设施设备的设置要遵循"技术上先进、经济上合理、经营上可行"的原则，要适合游客的需要和景区的实力。

② 市场调查研究。根据提出的设施设备设置方案，要进行技术、经济综合分析和对各种方案的比较论证，并要对市场进行调查研究，掌握详细而准确的市场调查研究资料。调查研究的内容主要三个方面：第一，景区方面。现有设施设备的利用率和潜力情况、安装设施设备的环境条件、能源和材料供应情况、资金来

源、操作和维护的技术水平及人员配备。第二，设施设备建设和制造方面。设施设备建设和制造方面的技术水平、信誉情况、售后服务情况，设施设备的规格和技术性能，设备供应状况等。第三，费用方面。设施建设价格，设备售价，安装费，培训费，经营成本，修理、折旧费等。

③ 投资决策。景区管理者根据调查研究的材料，结合本旅游景区的经营方针、景区旅游资源特色以及现有资金和能源供应等方面的实际条件进行综合分析，从多个可行方案中选择最佳投资方案，做出最后投资决策。

④ 编制计划。投资方案获得批准后就要由景区设备管理部门会同有关部门组成建设购置小组，编制方案实施计划。计划内容包括：设施建设进度、施工原材料的供应、设备购置和安装调试进度、施工队伍的协调和组织、水电和交通等条件的配合，并根据各阶段进度安排，定出资金使用情况。

（2）设备的选购。设备的选购是指新建景区景点时的设备购置和经营过程中的设备更新购置。设备的购置应根据景区的发展目标，有计划地进行设备的增添和更新改造。由于设备投入的资金较多，使用期限较长，对景区的经营活动影响较大，关系到企业的经济效益和长远发展，所以选购设备时应进行充分的调查研究，对多种方案进行经济技术论证，比较设备的寿命周期和综合效益，根据具体需要，做出科学的购置决策。具体选购设备时，应注意以下方面。

① 适应性。景区的设备选择首先要考虑是否适应当前市场的需求，能否满足旅游者的游览要求。

② 安全可靠性。景区设备的安全可靠是景区声誉和效益的重要保障，必须放在突出地位。因为设备的安全与否直接关系到游客的人身安全，也关系到景区工作人员的人身安全，所以选购时要特别注意设备的安全可靠性。

③ 方便性。所选购设备的使用要灵活方便，能适应不同的工作条件和环境，并能减轻操作者的劳动强度，改善劳动条件。同时，还要方便修理，能够保障景

区以最少的时间修理好有故障的设备，以避免游客的反感和抱怨特别是那些直接供游客使用的设备更应如此。

④ 节能性。采购设备时，应注意其节能性。节约能源会给景区带来直接的经济效益，因此要选用节能性好的设备。

⑤ 环保性。环保性是指要避免设备的噪声和排放的有害物质对环境的污染。噪声会影响游客的游览，有害物质会对游客以及景区环境造成污染。景区应严格按照环保的标准来选择设备，否则会给景区的正常经营及服务质量带来不好的影响。

⑥ 配套性。配套性指设备单机要与景区设备管理系统配套，以便进行技术管理。包括要考虑技术上兼容、性能上互补、管理上协调等因素。

⑦ 特色性。要根据景区的特色采购具有特色的设备，这样既能方便吸引客人，又可和景区特色相统一。

（3）设备的安装调试。景区设备的安装调试是影响设备今后运行效果的一个环节。无论是旅游景区自行安装，还是由供应商、厂家等专业安装单位安装，都应派工程技术人员监督其质量、进度，做好安装数据记录。验收时双方均应在现场，并办理书面交接手续验收过程中发现问题，由设备主管部门落实解决，验收交接报告以参加验收各单位共同签订的竣工验收单为准。

设备竣工验收后，由财务部门立账，建立固定资产管理账目。设备管理部门根据设备统一编号，填写设备登记卡，记入台账，然后向使用部门移交。根据设备移交单备案后，使用部门才能启用设备。❶

3. 旅游景区设施服务期管理

旅游景区从开始接待游客起，其设施也就投入了服务，从规划到施工安装设施完工属于设施管理的前期。设施从开始服务于游客，对设施的维护和保养也就开始了，这属于设施的服务期管理。如果在此期间，旅游景区设施管理不善，那

---

❶　王春丽. 旅游景区财务管控机制研究 [J]. 商业会计，2019，（13）：93-95.

么，不但在经济上会给旅游景区带来巨大损失，而且还会严重影响旅游景区的声誉，产生不良影响。

（1）设施管理的人员系统

设施管理是以人为中心的管理。人员系统结构合理化、人员素质现代化，从根本上保证了设施管理的最佳化。

① 管理层人员。他们承担设施管理的规划决策、制度系统的建立、计划的制订和组织实施这一层人员是人员系统的核心，其素质的高低决定着景区设施管理的水平。

② 运行操作人员。他们根据规定的操作规程和管理制度负责设施的管理和操作。

③ 维护检修人员。他们进行设施设备的维护检修，经常检查设施设备是否出现故障，若有故障则进行维修和及时报修。

④ 日常操作监督人员。他们主要是服务工作人员，组成设施的各个环节的设备需要这些做具体工作的服务人员进行日常清洁维护，出现故障时及时报修。

⑤ 设施服务对象。设施服务对象主要是指游客，他们在消费过程中，往往要直接和间接使用某些设施设备。服务人员应为游客提供舒适称心的服务，同时又必须防止他们由于使用不当而造成对设施设备的损坏。

（2）设施设备的使用管理

① 设施设备使用规范管理。第一，对运行操作人员的规范化管理。运行操作人员必须学习和掌握设施设备的运行原理、结构、性能、使用、维护、维修及技术安全等方面的知识。第二，对服务人员的规范化要求。服务人员必须参加常用设施设备的使用操作学习培训，向游客介绍设备使用方法和注意事项，对游客使用过的设备进行清洁维护和报修，要有明确的岗位责任规范。

② 设施设备使用管理规章制度。设施设备使用管理的规章制度包括：运行操作规程、维护规程、设施设备运行人员岗位责任制和设施设备管理表格等。建立和健全旅游景区设施设备使用管理规章制度有助于实现科学管理，消除工作中的

混乱现象；有助于提高设施设备的综合效益，延长使用寿命，减少维修费用，降低能耗；有助于充分调动员工积极性，更好地完成工作任务。

③ 使用设施设备的基本要求。旅游景区设施设备数量多、分布广、使用范围大。要搞好设施设备的使用管理，就要推行"设施设备全员管理"制度，要做到谁使用，谁就要维护好。要达到这个目的，首先必须抓好设施设备操作基本功和操作纪律的培训。

（3）设施设备维护制度

旅游景区设施的维护工作必须将专业管理与游客管理相结合，依靠运行操作人员、检查维修人员和服务人员共同维护好设施设备，同时要取得游客的合作和支持。建立维护制度的目的是让景区内各方人员在维护工作中有章可循，各负其责，从而真正形成设施设备的使用维护保证体系。设施设备维护必须达到四项基本要求：整齐、清洁、润滑和安全。我们把维护制度按层次划分为：日常维护、定期维护、区域维护和计划维护等。

① 日常维护。日常维护又称例行维护，是全部维护工作的基础，它的特点是经常化、制度化，对于服务设施、娱乐设施、交通设施等一些大型设备应做到在每天工作前必须检查电源以及电气装置是否安全可靠；各操纵机构是否正常良好；安全保护装置是否齐全有效；在运行中是否有异常情况。停工后设施设备要保持清洁，如有损坏和故障，应及时报修。

② 定期维护。定期维护是在日常维护基础上，规定在一段时间后对设施设备从更深层次上进行维护，以便消除事故隐患，减少设备磨损，保证设备长期正常运行。

③ 区域维护。除一些大型设施外，还有部分小型设施设备和基础设施分布在旅游景区各处，这就需要对这些设施划分区域进行维护。区域维护小组或人员要认真执行负责区域巡回检查制度，对供排水设施的管道、照明供电、电线电缆线路、绿化设施、游路等基础设施以及一些分散的小型服务设施进行巡回检查，科学安排巡检路线，发现故障和损坏要及时处理或报修。

④ 计划维护。计划维护又称指令维护，它是以全部设施的维护任务的计划为基础，通过向维护人员发出指令，维护人员根据指令完成指定维护任务的一种维护管理方法。

二、旅游景区的运营规划

景区设施经过科学规划设计、建设以后，就要投入运营使用。对景区设施进行科学有效的管理是景区正常运行的关键。成功的景区其设施管理必然是成熟和健全的。对设施的管理主要包括如下内容。

（1）设施设备的日常维护管理。景区设施正常运行离不开日常维护管理。只有正确的使用和维护，才能保证设施的有效运行，获得预期的经济效益。对景区设施的日常维护管理要严格遵照各种设施的操作规程进行。

（2）设施设备的经济性评估。设施在规划时就进行了财务分析，即分析设施预期的成本收入、投资回收期和回报率、设施折旧率等经济数据。设施在运营过程中需要进行控制，分析存在的偏差及原因，采取有力措施纠正偏差，实现其预期经济目标。

（3）设施操作人员和维护人员的培训与管理。管理的中心是人，管理的对象也是人，因此对景区设施的运营管理归根结底是对人员的管理，即对设施操作人员和维护人员的管理。景区设施（如康乐设施）投资成本高，如果操作不当会引起严重损失。因此对景区设施的操作和维护需要安排专门技术人员完成。景区设施操作人员需要培训上岗，平时也要加强对他们的管理，强化其安全防范的意识，做到正确规范操作各种设施，避免经济损失和事故的发生。❶

---

❶ 黄燕. 试论旅游景区市场化运营完善建议 [J]. 中国商贸，2011，（26）：193-194，201.

第三节 旅游景区的研学项目规划

一、旅游景区开展研学项目规划的意义

由于研学旅行的发展是以广大的学生群体为主要对象，因此，在景区内开展研学项目规划就要注重旅游景区内产品的参与性，参与性是实现深度体验的方法之一，研学项目的参与度越高，其对于研学者的体验效果也会越好；要注重产品的个性化打造，将地域的个性化特色融入产品中去，这也是其研学形象确立的重要基础；研学产品的核心竞争力是旅游景区与地域文化的内涵、产品的融合度，文化是研学的核心，产品则是文化的载体，地域文化的融入会进一步促进旅游景区研学旅行项目的知名度，形成良性的促进关系。因此，景区应开展相关的活动和创设研学基地等规划，为学生群体提供一个良好的学习环境。

（一）帮助学生延伸学习空间

利用旅游景区开展研学旅行，突破了学校空间的限制，把学生带离校园、带离课堂，把生动鲜活的社会生活、生产实践、文化场所、自然环境当成一个课堂，研学旅行是衔接学校教育和校外教育的教育方式。研学旅行延伸了学生的学习空间，这并不只是单纯的数量空间或社会空间的丰富，而是指空间中的任一处

都需要赋予内在意义或重新经过适宜的设计，使其蕴含在教育中。比如当学生置身于文化遗产的空间中时，他们可以更真实地去感受校外空间的历史感和厚重感。同时，研学旅行基地，无论自然类还是社会类，都是属于公共空间。在研学旅行中，当学生意识到自己处在一个人人平等、多方参与的空间中时，他们将更能去尊重自然、尊重他人和尊重规则，意识到在自我之外，还有他人，自我和他人应该享有同等的权利，如此可逐步形成和发展学生的公共空间意识，充分发挥校外空间的育人功能。

（二）促进学生认知的发展

研学旅行的意义并不在于知识本身，而在于一定要去亲身经历这些知识。当学生去经历这种知识，这更能让他们意识到：生活经验，就像学校的教材一样，也是知识的一种形式。生活与学习不过是同一事物的不同方面而已。当知识发生在学生身上，它就变成了学生的经历、生命的质量和学生在这个世界上的存在本身。这将有助于拓展学生知识的广度、提升学生知识的深度，从而实现知识的融会贯通。知识学习的整个过程学生通过有社会根源和社会功用的主动作业开始学习，将会把更有经验的人所传授的观念和事实吸收到自己更为直接的经验中去，并对涉及的材料和各种法则进行科学的理解，学生也将能获得更深层次的认知发展。

（三）丰富学生的情感体验

研学旅行让学生有机会去接触新环境，并观察他人的行为，有助于培养学生端正适应的举止，景区应配合学校的安排，开展相关活动的设计。学生通过多观察，接触各种人在习俗以及生活方式上彼此不同的人们，尤其是与自己所在地区的人们，增强智慧与持重能力。同时，研学旅行让广大中小学生走进祖国的大海山川、目睹社会的光辉业绩，去感受中华传统美德、感受革命光荣历史、感受祖国建设的伟大成就，提升自己对党和国家、人民的热爱，增强学生的社会责任感、民族自豪感，让学生逐渐意识到自己能够成为积极的变革者和领导者。

显然，研学旅行设计绝不是一套标准化的操作程序，而是以学生的研学经历或体验为素材，每一个课程主体为课程设计者，在回溯过去、关心现在和展望未来的过程中对全部的经验进行整合重组，并促进学生认知、情感发展的过程。

二、旅游景区研学项目规划的基地建设

（一）旅游景区研学项目规划基地建设工作的开展

下面以我国的羊山景区为例，分析旅游景区开展研学旅行基地建设。羊山景区充分把握研学旅行发展机遇，积极开展研学旅行基地建设。羊山景区现已发展为覆盖景区周边济宁、菏泽、徐州等地重要的中小学生研学旅行基地。羊山景区主要从以下方面开展了研学基地建设工作。

第一，完善基础设施建设。基础设施是开展研学旅行的具体场所，高标准的基础设施建设对打造研学旅行基地具有重要的促进作用。为做好研学旅行基地建设，羊山景区新建了鲁西南战役纪念园大门、改造提升了鲁西南战役纪念馆场馆布展、修缮和维护了园区烈士纪念建筑物及园区绿化。为解决研学旅行食宿问题，羊山景区又先后新建了可容纳 500 人就餐的羊山景区餐厅及 200 余人住宿的羊山景区青少年军营。

第二，开展文化资源挖掘和研学旅行课程开发。研学旅行属于文化旅游的范畴，本质上属于一种深度的文化旅游形态。对景区红色文化资源进行充分的挖掘

是研学基地建设的基础；开发寓教于行的研学旅行课程是保证研学旅行质量和可持续发展的核心环节。羊山景区高度重视红色文化资源挖掘和研学旅行课程开发工作，组建了一支专业化人才队伍负责文化资源挖掘和课程开发工作。羊山景区现已针对不同学段教育目标的中小学生开发了一天、三天和五天的研学旅行课程体系，并不断地完善。

第三，培养优秀研学旅行导师。优秀的研学旅行导师是保证研学旅行质量的重要因素，他们不仅担负着景点解说的工作职能，更重要的是行使着教师教育教学的功能。研学旅行导师是导游和教师的跨界融合，是同时具备导游相关技能和教育教学知识的专业化人才。羊山景区重视优秀研学旅行导师人才的选拔、培养和储备工作。在招聘高校优秀专业毕业生人才的同时，羊山景区争取到县委县政府的支持，在全县范围内选拔优秀导学人员。对于招聘和选拔的优秀人才，以及现有的景区讲解人员，羊山景区邀请专业人员对他们开展研学旅行导师相关的专业化培训，并组织他们到兄弟红色景区外出学习。

第四，同教育部门、研学企业开展合作。中小学生是开展研学旅行的主体。羊山景区积极主动同周边县市区教育部门开展合作，将景区研学旅行内容融入学校教育教学课程体系。与此同时，羊山景区积极同研学旅行相关企业开展合作，成立合作联盟，共同开发研学旅行产品，形成集团优势；羊山景区现已同曲阜儒家研学旅行、梁山忠义武学研学旅行、狼牙拓展公司等多个研学品牌与企业开展研学合作。

第五，举办重大红色纪念活动。羊山景区分别举办了盛大的英雄王杰牺牲 50 周年和鲁西南战役胜利 70 周年纪念活动。每年烈士纪念日，县委县政府也在羊山景区革命烈士纪念塔前举办隆重的革命烈士纪念活动。一系列重大纪念活动的举办是对革命烈士事迹和精神的宣传，起到了重要的纪念先烈、教育人民作用；同时，也增加了羊山景区研学旅行基地的知名度和影响力。

第六，完善后勤保障和安全措施。羊山景区作为国家 AAAA 级旅游景区，按照《旅游景区质量等级的划分与评定》高标准完成 AAAA 级景区相关指标。与此同时，羊山景区尤其注重后勤保障和安全措施完善工作。为保障青少年研学团队安全和确保研学旅行导师全身心投入教学，羊山景区配备安全员全程跟随景区研学旅行活动。羊山景区卫生室、羊山镇卫生院和景区治安室能随时处理和应对突发事件，保证研学团队安全。❶

（二）旅游景区研学项目规划基地建设工作的不足与改进

红色旅游景区在拥有丰富红色研学旅行资源同时，一般还拥有多种形式的其他内容研学旅行资源。红色旅行景区在充分利用和发挥自身红色研学旅行资源的同时，发挥和利用好这些多种形式研学旅行资源也是研学旅行基地建设的重要内容。

羊山景区红色研学旅行已初见成效、开展效果较好。但作为一个"以红色旅游为引领，以军事文化为核心，以山水、民俗、古镇为依托的旅游综合体"，羊山景区内还拥有丰富的地质科普研学资源（羊山省级地质公园和地质博物馆）、军事装备科普研学资源（鲁西南羊山军博园）、历史和民俗科普研学资源（金乡博物馆和金乡民俗博物馆）、陆地和海洋动物科普研学资源（羊山景区野生动物园和羊山景区海洋馆）。这些研学资源虽然规模不大，但资源种类丰富，综合作用突出。羊山景区作为红色旅游景区，在打造研学旅行基地过程中，没有将这些多种形式的研学旅行资源进行充分的利用和挖掘，是基地建设中的不足。作为对基地建设的改进，下一步羊山景区将加大对这些研学旅行资源的研究、挖掘和开发，将它们和红色研学资源进行有机融合，开发全新研学旅行课程。最终将羊山景区研学旅行基地打造成为"以红色研学为主体，多种研学并行的研学旅行综合体"。

---

❶ 杜昊. 文化旅游型小城镇的研学旅行规划策略研究 [D]. 合肥：安徽农业大学，2018：32-47.

第四节　旅游景区的交通线路与产品规划

一、旅游景区交通路线规划

景区交通路线，是在景区特定的地域空间内为分割景区、联结景点，方便游客观赏、体验而建设的行进路线。科学合理的游览路线设计是景区吸引游客前来参观的先决条件。❶

（一）旅游景区交通路线的功能

1. 分割和联结景点、服务点

由于景点与服务点是分散布局的，各点之间存在一定的空间范围和距离。游览路线既起到分割景区空间、区分旅游功能的作用，又能够将不同的景点与服务点联结起来，形成一个有机的整体。

2. 导引游览过程

游客初到景区，并不了解景区的整体布局，游览路线是显而易见的实物，并且路旁多有标志和指示牌，游客借此到达想去之处。此外，游览的过程会经历开

---

❶ 杨云鹏，袁光辉，金阳，等.全国 5A 级景区旅游路线规划问题研究 [J]. 数学的实践与认识，2016，46（15）：74-80.

始、展开、高潮、结束等不同阶段，游览路线能够将这些不同的阶段进行有机组合，引导一个完美的游览体验过程。

3.限定游客与景物的距离

不论自然景观还是人文景观，有些景物需要保护，不能近距离接触，还有一些景物要间隔适当距离观赏才有最佳效果，游览路线可以限定游客与景物间的距离，以达到最佳的体验。

4.构成景区吸引物

游览路线随景区自然地形布设，因地制宜，与景区自然风光和谐相融，或在绝壁上人工开凿，成为令人惊叹的人工景观，构成景区吸引力的一部分。景区道路还可采用不同材质建造，丰富景区的道路景观。

（二）旅游景区交通路线规划设计的原则

1.连通性原则

景区游览路线设计的首要任务是保证景区内各项旅游活动顺畅进行。景区内所有景点和服务网点都应有便捷顺畅的道路能够抵达，大型景区还应配置相应的交通工具。各区域的游览路线自成体系，各区域之间要保持最大的连通性。游览行进路线尽量设计成环形线路。

2.多样性原则

景区游览路线要力争多样化，并互相配合，步行道、登山道、索道、缆车、电梯、河道、湖泊航行线等均可以采用，让游客有尽可能大的选择余地。如果由于自然条件限制，无法设计环形线路，也可以设计不同的交通方式，如步行上山，索道下山等形式，避免游路重复。

3. 观赏性原则

景区游览路线的观赏性，一方面是以游客漫游、驻足观景为依据，为游客提供最佳的位置和视角；另一方面是使游路本身具有观赏性。景区内游路设计应充分考虑游客旅游过程中的心理特征，结合自然地形与景观特征，考虑最佳的观赏角度及有趣的层次序列，组织良好的空间构图。

4. 协调性原则

景区游览路线设计要维护景观质量，不能切割和毁坏现有资源，保留沿线及视域范围内自然和人文景观的原始风貌，做到道路、设施与景观相协调。按照美观与实用相结合，简洁与自然相结合等理念对景区内的土地利用、空间关系及周边的游憩设施进行细致的设计与安排。

5. 安全性原则

旅游安全是景区管理工作的重要方面，其中交通道路和设施是安全事故易发之处。在游览路线设计时必须考虑游客在区内活动的安全性，要在正确预测景区高峰游客流量的前提下，科学设计游路的长短宽窄，布设多种交通方式，以确保游客能够安全进出，在道路易发生掉落、滚石等危险处安装防护栏杆和安全警示牌，保证游人在景区内活动安全。❶

（三）旅游景区交通路线规划设计

1. 考察景区的资源

景区游览路线规划设计的目的在于将旅游者与旅游体验对象联系起来，使旅游活动能够方便、顺畅地开展，并且富有吸引力。在进行游路规划设计之前，要对景区进行全面细致的考察，把所有富有吸引力的自然、人文景观和服务设施标

---

❶ 钮志强，丁楠，王小娟．旅游城市景区交通规划技术方法 [J]．城市交通，2019，17（2）：84-89．

注在地图上，对这些景观和服务设施进行分类，确定主景与次景，确定主要旅游活动地和休憩地。再次实地考察，测量记录路线的长度、可达性以及铺设道路的可能性，并构想不同的道路形式，以增强道路本身的观赏性和体验性。

2. 构筑旅游线路中的点、线、网

游览路线中的"点"，指的是景区内具有吸引力的自然和人文景观，即景点，以及游览休憩的服务设施集中点，如餐饮区、娱乐区等；"线"，指的是连接各"点"的交通道路；"网"，指的是多条"线"构筑而成的环形、交叉、复合的道路系统。在不破坏、干扰自然风貌的前提下，通过科学合理的游路设计，将景区内景点、服务设施连成"线"，多条游线构筑成"网"，使游客能够全方位欣赏景区内有价值的旅游景观，享受景区的服务设施，并且可以根据各自的时间和体力选择游览路线。

3. 引导旅游者参与到"情"与"境"

旅游者在景区内或旅游路线中的体验过程是一个程序化心理活动过程，因此在进行游览线路组织时，应该有意识地强调某种文化主题，使游览过程成为一种"情"与"境"的体验过程。一条成功设计的游路可以起到"无声导游"的作用，成为旅游活动的重要"导引"，充分体现景区的特色。组织合理的游览线路，可以使游客在旅游过程中始终沉浸在景区特有的氛围中。设计者要充分理解景区的文化特点和内部各景点之间的主次关系，游览路线要引导游客从次景出发，通过各种构景方式进行心理铺垫，逐渐引领游客进入品味景区文化所需要的特有情境中，最后通向主要景点或最为惊险的项目，使游客得到最佳的游览体验。

4. 合理设置交通引导标志

交通引导标志是景区文化的构成部分之一。设计交通标志，除了起到常规的警告、禁令、指路、指示作用，还要明白无误地传递路线信息，在道路的起点以及所有的分岔路口，都应该设立明确的指示牌。交通引导标志的形状、材质应当体现景区特色，与景区的自然和文化特征相协调。另外，交通标志还应传递景区导游信息，标志也被称为"导游小品"，除了对景点、服务点的简单指向，还可以设置景区导游图，标明游客所在的位置，游客可以根据指示牌，自我规划游览路线，合理安排旅游时间。❶

二、旅游景区的产品规划

（一）景区交通旅游产品的规划设计

景区交通旅游产品，主要从景区的交通道路、工具等方面进行开发设计。道路和桥梁是游客在景区实现空间位移的载体，道路旅游产品的开发，一是提炼其观赏性，使之成为景区景观的构成部分；二是增强其体验性，使游客在景区获得多种位移体验。

第一，原始交通工具旅游产品设计。人力、畜力、自然动力交通工具，在交通工具的演化史上，属于原始阶段的工具类型。这些原始交通工具多用于人类痕迹较少的特殊自然地域环境中，或者是少数民族地区，具有典型、罕有、独特的个性。在景区内环境适合的区域开展骑乘人力、畜力、自然动力交通工具的旅游活动，能够满足旅游者远离喧闹、拥挤、紧张的都市生活，返璞归真，回归自然的心理需求，并能使旅游者在娱乐中了解少数民族地区的民族文化，获得精神文化的享受。

第二，现代交通工具旅游产品设计。机动交通工具和电动交通工具属于现代交通工具。根据其开发路径不同，可分为功能扩大或延伸型和新创造型两类。功能扩大型交通工具是将原有的其他用途的交通工具，加以改进或原封不动地引进

❶ 万剑敏.旅游景区规划与设计 [M].北京：旅游教育出版社，2012：16-17，132-200.

景区，以开展专项旅游活动，如旅游潜艇、直升机、飞艇、摩托艇、沙地摩托车、索道、缆车等。

第三，仿古交通工具旅游产品设计。仿古交通工具，通过将交通工具进行仿古、复制，并重现于景区，游客可以通过仿古工具了解各国、各地的古代文明和历史发展过程，在获得历史文化知识的同时，也获得了或奢华或惊险的享受与娱乐。

（二）景区产品质量的规划管理

游客是旅游景区产品的需求方，是旅游产品的购买者。景区产品质量的优劣直接影响景区的吸引力和形象，质量保证是通过景区质量管理来实现的。景区产品质量就是景区服务过程中所能达到规定效果和满足游客需求的能力和程度，可分为景区硬件和软件两个部分，硬件包括景区的可进入性、游览线路和内容、旅游环境与安全、旅游设施设备等；软件包括景区旅游解说引导和游客服务，以及服务人员的服务质量等。分析景区产品质量问题，有利于正视景区服务与管理的不足，改善服务质量，促进质量的全面提升。

景区产品质量是一个综合的体系，由三个先决条件决定：一是景区资源环境的吸引力；二是景区设施的质量；三是员工的服务质量。三者相互影响，相互作用。对于游客一次完整的旅游经历来说，景区质量的各个方面都将影响其旅游品质的感知，游客所接受到的有形的产品和无形的服务决定了游客对质量的评价。因此，景区产品质量就是反映景区满足游客显性产品和隐性服务需求，并达到规定标准的能力和程度的总和。

景区产品是由有形产品和无形服务构成的，是一种服务产品。其产品质量的构成要素亦可分为硬件设备质量要素和软件服务质量要素两大部分。旅游景区产品质量是通过硬件设施质量和软件服务质量来体现的。其中，景区资源质量是景区提供的旅游景观效果等吸引物（有形产品）的优劣，是景区的核心质量要素。景区环境质量是指旅游景区为客人提供的消费环境的质量，包括自然环境质量和人文环境质量，自然环境质量指旅游活动所需的内外部自然景观、风景布局；人文环境质量指旅游景区的服务员、管理层与客人之间的相互关系和人文氛围。旅游设施质量是指旅游景区的建筑物和各种设施设备的规格与技术水平，包括旅游景区提供旅游服务项目的多少、配备的设施设备的完好程度与舒适程度等。景区服务用品质量是指旅游景区为提供给游客的食、宿、行、游、购、娱而必备的服务用品的质量。旅游景区服务的劳务质量是指旅游景区员工为客人提供服务时表现的行为方式，是旅游服务质量的本质体现，包括服务人员的态度和素质、服务方式、服务技巧、服务效率、礼节仪表、语言风度、职业道德、团队精神等。❶

---

❶　苟自钧.旅游景区（点）产品营销组合与经营方略 [J].经济经纬，2003，（5）：142-144.

第四章　旅游景区服务与质量管理体系构建

旅游景区服务质量，是旅游景区提供的所有服务的体验适合和满足顾客需求或期望的程度，具有不易测量性、无法转移性、不够稳定性和不可存储性。因此，可采取增强服务供给与服务需求管理、实现服务流程再造、有效管理内部顾客和开发景区旅游文化等策略，来提升我国旅游景区服务质量。本章主要围绕旅游景区服务与管理认知、旅游景区服务管理组织与员工、旅游景区服务质量管理体系构建展开论述。

第一节　旅游景区服务与管理认知

一、旅游景区服务

旅游景区服务是指旅游景区工作人员凭借一定的旅游吸引物、旅游服务设施和服务技能，通过一定的手段和形式，为游客提供各种方便，使其顺利完成旅游活动，实现旅游价值的总和。

旅游景区的产品是由有形的旅游设施和无形的人员服务相结合而形成的。其中无形的人员服务是旅游景区产品的核心内容，没有高质量的服务水平，再新奇、再刺激的游乐设施也不能有效地发挥娱乐游客的作用。所以，旅游景区的经营管理要以服务为中心，提高景区整体服务的质量和水平，提升景区的整体竞争力。

（一）旅游景区服务的特性

1.服务条件的多样性

旅游景区服务借助的是景区内的旅游资源、旅游环境和相应的旅游服务设施。对于不同景区而言，这些硬件条件是多种多样的，是同一个景区内的条件存在参差不齐。景区服务人员的素质也不尽相同。综合来看，旅游景区的服务条件是多样的。

2. 服务内容的复杂性

景区服务内容是多样的，是综合服务。从与服务对象的密切程度来分析，旅游景区的服务可分为直接服务和间接服务。直接服务包括有关的设施（如游览、饮食设施）与人员服务；间接服务包括有关的设施（如通讯、急救设施）与人员服务。从服务的表现形式来分析，又可以将景区的服务设施和人员服务分为硬件设施（如售票处、公共厕所）和软件服务（如咨询服务、导游讲解服务）。旅游景区服务实际上是围绕如何为游客提供一种愉悦的经历来完成。要保证每一项服务都到位、每一个环节顺畅、每一位游客都满意，工作是极其复杂的，难度相当大。

3. 服务消费的差异性

旅游景区服务目的是提供游客消费。就景区而言，希望能够提供优质的服务，而对于游客而言，他们也都希望能得到最好的服务。而景区产品服务具有生产与消费的同步性，也就是说，生产者与消费者存在一定的联系，消费者的素质、兴趣爱好有差异，势必影响到景区服务的生产，也就产生服务消费的差异性。

4. 服务对象的流动性

旅游景区一般是由若干个或一系列具体的景点（景物或活动项目）组成的，任何两个或多个景点之间都需要用道路、电梯、桥梁或缆车等连接起来。为了让游客尽可能多地参观和游览景区内的景点，达到经济效益最大化，景区游览的行程一般会安排得十分紧凑有序，在时间上有相对的限定性，在空间上环环相扣，流动性很强。在某一景点耗时过长或某一环节出现拥堵，都可能导致游客游程的变更，会使游客满意度受损。所以，景区管理部门和服务人员要针对服务对象的流动性，建立科学、高效的管理体系，保证所提供的服务具有很强的连贯性、流畅性。

（二）旅游景区的优质服务程序

1. 识别游客的需求

识别需求是景区提供优质服务的关键步骤。一个人的行为总是直接或间接、自觉或不自觉地为了实现某种需求的满足。如何将游客的需求上升为欲望，产生旅游动机，最终导致购买的行为，是摆在景区面前的一个现实问题。识别游客的需求正是景区提供优质服务的第一步，快速、准确地识别游客的需求，采取相应措施激励游客购买景区产品，同时强化游客的忠诚度，使顾客感到礼遇、被重视。识别游客需求可从以下方面着手。

（1）殷勤待人。殷勤是快速、准确理解游客欲望、需求的技巧。殷勤待人要求服务人员通过观察、试探来了解游客需求，并及时采取相应行动满足他。要做到殷勤要求服务人员用敏锐眼光细心观察游客，掌握游客发出的（有时是无意识的）非语言及语言的信号所隐含的潜在信息，了解游客的需求。观察游客需要感情投入，要求从游客的立场出发提供让游客满意的服务。总之，殷勤待人就是在热情服务之余懂得观察游客，通过游客的举动了解游客的需求。

（2）预测需求。在游客茫然时，事先预测其需求，是景区服务成功的关键。没有正确的预测，服务只能处于被动状态。要学会换位思考，站在游客的角度，设身处地时刻为游客着想，来事先预测出游客的需求。例如，某游客已花了很长时间在等候服务，此时其需求是希望服务人员加快速度，尽快结束等待，并得到服务；当游客不停地看手表时，说明他可能会有约会或者赶时间，要及时给他提供服务。

（3）了解需求类型。通过了解游客的需求类型及其特点，有助于景区服务人员更好地识别游客需求，从而进行有针对性的服务。游客需求一般有三种类型：

第一，受欢迎的需求。游客是景区的"客人"，他们都希望自己是受欢迎的，能够得到服务人员的热情接待。第二，受尊重的需求。每位游客到景区都希望被重视、得到尊重，并期望对他人产生一定的影响力。人们只有在交往过程中，才能感受到自身存在的价值和影响力。第三，被理解的需求。只有理解了游客的需求，才能提供让游客满意的服务，也只有当游客感到自己的需求被理解了，才会对接受的服务感到满意。

（4）善于倾听。景区工作人员细心倾听是了解游客需求的重要环节。倾听不仅是服务的重要过程，更是使游客满意的必不可少的步骤。善于倾听才能准确识别游客的需求，消除游客的抱怨，为游客提供优质的个性化服务。善于倾听要求在与游客接触过程中要专心，答复时使用游客喜欢听的话语，而且要真实达意，并及时给予反馈信息。

（5）重视信息反馈。通过游客的反馈信息，景区可以了解游客对景区的服务或者管理的某种提议或抱怨，找到改进的方向和目标。景区应当设置获得游客信息反馈的多种渠道，各种各样的意见收集有利于提高反馈信息的广度和深度。例如，可在旅游景区里设立游客意见箱（意见簿），免费服务热线电话，定期或不定期在新闻媒体上（主要是报纸、杂志）刊登景区的服务质量意见书和调查表，开展游客满意度调查等，广泛收集游客的意见、抱怨和不满，并要求员工仔细倾听游客的诉求。

① 满足需求。满足游客的需求是景区优质服务四个步骤中的核心环节。向游客展示积极的服务态度和识别游客的需求都是为实现这一步骤做准备，游客服务的最终目的是满足游客的需求，它支配着整个服务过程。游客的需求得到有效满足，自然会促其产生好感，使顾客流连忘返。满足游客的需求要做好下述工作。

第一，员工履行工作职责。景区服务人员完成工作任务和履行工作职责是实现优质服务的基础。景区员工每天上班的第一件事应该是思考一下当天的工作任务、怎样处理才能与景区的规定相一致。

第二，建立服务支持系统。满足游客的需求必须得到景区服务支持系统的保障。服务支持系统是指在游客到来之前和游客离开之后所做的满足游客需求的所有工作，一般包括增加存储用品、填写单子、记录信息、接听电话、搞好卫生清洁、对旅游项目的设备进行岗前检查和岗后维修、修饰服务员的外表等。

第三，提高服务工作技巧。服务人员只有掌握服务技巧，才能提供优质服务。否则工作不到位，工作不迅速等都会影响景区游客的满意度。例如，服务员的口头表达能力问题。服务员的语言要言简意赅，内容要具体明确，表达用语要达意管用。表达时要注意措辞，避免语不达意而产生误会，减少不必要的摩擦矛盾。再如，运用计算机设备提高服务水平。在信息时代，服务人员应掌握计算机操作技能，提高服务的效率，满足游客的多样化需求，增加游客的满意度。

第四，满足游客基本需求。优质服务的成功实现取决于游客基本需求（即受欢迎的需求、受尊重的需求、被理解的需求）的满足情况。为此，景区服务人员应该对游客表示友好和欢迎，用心沟通，倾听游客的感受，理解游客遇到的问题和面临的处境，向游客伸出援助之手，使得游客真切地感受到他们是受欢迎、受重视、被理解的。

第五，及时提供有效服务。及时有效的服务能满足游客的期望。具体地说，在对客服务过程中要达到规定的量化指标。例如，游客来到服务台时，应该在三秒钟内做出反应；电话应在三次铃声响起之内予以接听；在两分钟内完成最初的书面接待工作；游客的投诉应在第一时间内得到反馈等。

第六，重视提供延伸服务。延伸服务是指消费者在购买之前、之中和之后所得到的任何附加服务和利益，如售前咨询、售后服务和销售过程中的其他服务。在旅游景区的日常事务中，延伸服务包括免费提供婴儿车、轮椅、行李寄存、广播找人；市内交通咨询，还包括雨天为游客免费提供雨具，服务员推荐室内表演和娱乐项目、介绍寄存处的位置以及各经营点、卫生间的位置等各种服务。

② 培养忠诚。忠诚度的提高是景区优质服务的必然结果，也是优质服务本身的重要一环。提高游客忠诚度对景区而言有着重要的经济意义，它既可以保持景区的好口碑，又节省了开发新顾客的成本，忠诚的游客是旅游景区稳定发展的保证之一。游客忠诚度是游客拥有了多次不同的旅游经验之后形成的对某一特定旅游景区的忠诚。一般而言，这种经过多次比较而形成的忠诚是很难改变的。在实际经营中，很多旅游景区都很难保住游客，回头客不易获得，从而影响了景区整体运营的稳定性。因此，要提高游客忠诚度，可以从以下方面来努力。

第一，尽力消除不满。在具体服务中，游客的不满可能是因为种种原因。例如，景区员工对游客做出了承诺而没有兑现；对游客冷淡、粗鲁或不礼貌；游客觉得服务人员对他的态度不好；游客得到了不客气的答复；游客在事情做得不对时遭到了服务人员嘲笑等。其实这些完全是可以避免的，只要服务人员在工作中稍加注意就能解决。当顾客的不满发生后，景区员工应该尽力化解游客的抱怨。

第二，争取服务谅解。一般情况下，旅游景区游客众多或者员工疏忽，时常会发生服务不周，甚至出现一些小问题。遇到不愿看到的情况，游客常会有很强烈的焦躁和不满情绪，甚至难以沟通。面对这类情况，员工应该保持头脑冷静，安慰游客并与其进行沟通，让游客了解工作的难度，从而达到互相理解与体谅，为员工的进一步工作创造有利条件。

第三，提供附加服务。额外服务可以让游客得到意想不到的满足。它们通常都是一些需要较少服务技巧的细小服务，如为游客提供飞机、轮船、火车的搭乘信息和早晚末班汽车的时间等。但如果员工能够在游客未提及需要这些服务前主动提供相关服务，也就是说想在游客的前面，那么游客内心一定是既满意又惊喜的，自然而然地有宾至如归的感觉。

第四，完善售后服务。为了满足游客的期望，应提供优质的售后服务。售后服务是一种延伸服务，更能体现企业的宗旨，是企业文化的构成部分。对旅游景区而言，由于旅游产品的特殊性，其不可能像第一、第二产业的企业那样提供具体产品的退换和维修等。旅游景区的售后服务更注重的是细微、周到的服务，能够解决游客的后顾之忧。例如，出口处的微笑服务、送客服务；纪念品（如纪念册）的凭票抽奖服务；丢失物品的追踪、送达服务；下雨时提供免费雨具的服务；走失游客的寻人服务，并提供食宿或专车送回服务；一般性疾病的诊治或急救服务。❶

2. 员工始终保持积极的态度

景区优质服务的第一步是要求员工在工作中始终保持积极的态度，乐于帮助游客实现旅游体验。员工的服务态度对服务质量水平起决定性作用，没有端正的服务态度就不可能有高水平的服务质量。积极的态度能提高游客的满意程度。落实积极的服务态度可以从以下方面着手。

（1）外表修饰。"体验经济"把服务人员的服务看作是一场演出，服务人员的工作就像演员表演。印象首先是从外表上得到的，服务人员要像演员一样注意自己的外表，给游客留下良好的第一印象。这就要求服务人员注意个人的外表修饰，一个不修边幅的人不可能提供良好的服务。

（2）注意力集中。为游客服务时注意力要集中，使游客不会感觉到对其服务是无所谓的，能显示出一定的亲和力，再辅以敏锐的头脑和专业的外表修饰，就会使游客感觉到自己是被重视的，从而留下服务态度积极的深刻印象。

（3）形体语言。形体语言也是信息传递的一个重要途径。通过一个人的形体变化可以给人以丰富的信息，例如，自然的微笑传递真诚和愿意交往的信息；谈话时的注视对方表明自信和尊重。在旅游景区中可以提倡"三先服务"来提供优质服务，即先注视、先微笑、先问候，将形体语言"注视"放在第一位，表明对

❶ 李志勇，张成.旅游景区管理与服务测评体系构建与实证检验[J].统计与决策，2013，（12）：63-66.

游客的关注和礼貌，以拉近与客人的距离。

（4）语气语调。说话的语气往往比说话的内容更重要。不同的语气在与游客交往时会带来不同的效果。在景区与游客的交往中要使用自然、亲切、乐观、温和的语气，甚至是情绪克制的语气，以体现积极的服务态度和工作表现。另外，在和游客交往时语调也十分重要。如果在说完一句话时语调上升，那么这句话听起来更像是提问而不是在服务；说话时运用平调和降调会使话语听起来自信而有力。所以，景区员工在服务时要运用平和、坚定、关切、安慰的语调，这样会让游客切身感到对他们服务的真诚。

（5）精神状态。对景区服务人员而言，为游客服务是其职责，必须全身心投入到对游客的服务中去，保持精神饱满。但是为游客服务需要"情感劳动"，会消耗服务人员的精力，产生疲惫感而无精打采，甚至变得心烦没有耐心。因此，要提供优质服务就必须保持精力充沛。❶

二、旅游景区管理

景区是旅游企业中的一个重要的组成部分，而现代化企业管理是景区成功的关键。只有通过有效管理，旅游景区才能提供满意的服务，景区服务与管理都是为了搞好景区经营活动。只有提供优质服务，才能吸引大量的游客，提高景区的知名度和吸引力。

---

❶ 徐静 . 旅游景区服务与管理 [M]. 天津：南开大学出版社，2013：172-189.

（一）旅游景区管理的主要目标

旅游景区管理的目标是为了实现景区的综合效益——三大效益，即社会效益、经济效益和生态（环境）效益。社会效益是指景区对社会需求的满足程度。景区内的旅游资源，尤其是自然旅游资源，它们属于社会的公共财产，应该为社会做贡献，为社会承担责任。从这个意义上讲，景区要满足游客好奇、观光，或者度假的需求。同时，景区是一个经济组织，自然要追求经济利益。从景区的双重效益的关系来看，社会效益是前提，经济效益是结果。经济效益是基础，社会效益和环境效益是根本。只有合理、科学且有步骤地开发出来并且在开发之后还能保证游客的旅游质量、旅游资源能够永续利用、有利于该地经济发展，也就是说能实现环境效益、经济效益与社会效益三者协调统一的旅游开发才是正确的选择。

（二）旅游景区经营管理的战略分析

作为一个景区的管理者或服务人员，都必须知晓景区的经营战略，才能更好地在景区进行经营管理与服务。所谓旅游景区经营战略，就是指在市场经济条件下，根据景区外部环境的机遇与挑战、内部环境的长处与劣势，分析景区战略执行的能力与旅游者对景区的需求，为实现景区的可持续发展，对景区实现发展目标的途径和手段进行谋划，制定出景区的总体策略。而旅游景区的内外部环境是一个开放的动态变化的系统，影响景区发展的各种要素又都具有不确定性。在景区经营战略制定与管理中，拟定多种经营战略方案，最终选择出能实现经营目标的切实可行的战略。

科学合理的战略对于景区在激烈的市场竞争条件下，开发独具特色的旅游产品，提升景区的知名度，促进景区的可持续发展有着重要意义。由于不同旅游景区的类型与性质有差异，发展规模和目标市场也各不相同，旅游景区所选择的发展战略也略有差异，其中通常被认为是最重要的战略类型主要有以下三类。

1. 产品的质量

现在人们普遍认识到，产品质量就是企业的核心，企业永续经营的基石在于产品质量，企业经营发展的战略目光要放在产品质量上。旅游产品是旅游吸引及其提供过程综合作用的复合体。旅游过程中，各个环节的质量都同等重要，在景区产品质量趋同的情况下，优质服务成为企业战胜对手的重要手段。景区产品质量越高，游客满意率就越高，更重要的是，这些感到满意的游客很可能会成为回头客，还可以通过他们的宣传，获得更大的市场份额。

2. 品牌的影响

品牌战略就是景区将品牌作为核心竞争力，以获取差别利润与价值的企业经营战略。包括品牌决策、品牌选择、品牌形象、品牌管理与品牌发展等。对于消费者而言，品牌是一种错综复杂的象征，包含产品的名称、属性、包装、历史、声誉、价格、广告等，以及为消费者所认同的产品使用印象和经验。一个产品要形成品牌需要经过长期的用心经营与发展。旅游景区品牌就是景区经过长期发展之后形成的，它通常是以几个具有一定影响力的旅游项目品牌为基础的，又会推动旅游项目的成功。品牌帮助景区把眼光从内部转移到外部，借助打造品牌能够获得外部市场的丰硕成果，能够非常实在地感受到品牌在帮助应对竞争、创造游客、提高收益方面的实际作用，从而自觉地将经营的重心转移到品牌的打造。❶

---

❶ 刘宝平. 浅谈旅游景区的服务创新 [J]. 中国商论，2020，（16）：98-99.

第二节　旅游景区服务管理组织与员工

一、旅游景区服务组织

（一）服务组织工作岗位的设置

1.景区工作岗位分析的基本内容

对一个景区而言，工作岗位是某些工作任务的集合。例如，导游的任务是负责给游客讲解，售票员的任务是向游客售票等。当一定时期内需要有一名员工承担一系列相同或相近似有联系的工作时，一个工作岗位就产生了。对员工承担工作任务的性质和特点的概括就形成职务，某一种职务的职位不等，景区导游这种职务一般都有多个职位。职责与职务相统一，是根据岗位的性质和特点，对岗位的全部工作任务的集合所做的限定。例如，景区人力资源经理的职责就是负责企业人力资源规划的编制、组织招聘、执行其他人力资源政策等。

工作分析是指通过对工作现状的分析，了解工作内容的实质，根据分析结果写出工作描述，并列出工作人选的标准。它是人力资源管理流程中的第一个重要环节，也是其他工作程序的基础。它还是一个系统评价的过程，可分为四个阶段：准备工作阶段、信息收集阶段、分析阶段和形成分析报告阶段这四个阶段，各阶段都是紧密联系。一般而言，工作岗位分析包含三方面的内容。

（1）确定岗位的性质、任务、权限、责任、工作地点及本岗位和相关岗位的联系和制约方式等，并对这些内容做系统表述。

（2）明确岗位对员工的要求，即根据岗位自身的特点，说明承担本岗位的员工应具备怎样的资格条件，如知识水平、工作经验、道德标准、身体状况等。

（3）对岗位设计的最终结果做出全面的表述，即制订出岗位规范和工作说明书等相关文件。

总而言之，工作岗位分析就是全面收集某一工作的有关信息，包括工作内容、责任者、工作地点、工作时间、如何工作以及为何要这样做等的调查研究，然后再将该职位的任务、要求进行书面描述，整理成文的过程。

工作岗位分析既为在每个岗位工作的员工确立了目标，明确了工作内容，又为企业员工招聘、培训、考评、晋升、调配、薪酬等人力资源管理活动提供了客观依据和标准。

2. 制定岗位计划的主要任务

旅游景区是一个多功能的、复杂的综合旅游企业，各景区等级不同，范围大小不一，旅游主题各有特色，经营管理各有特点，因此对人才的需求也不尽相同。景区在员工招聘的时候，要以招聘计划为依据。因此，应该先考虑如何制订招聘计划，制定时主要完成以下任务。

（1）明确人力资源需求。首先明确人力资源需求，主要是根据景区的规模、主题内容和活动项目等因素确定岗位的设置。

（2）对时间、成本和人员进行估算。根据景区岗位设置，对员工工作的时间和成本等进行估算，在此基础上推断某一个或者某几个岗位所需的人员数量，最后确定整个景区配备工作人员的数量。

（3）对景区内外部的信息分析。编制招聘计划时应充分考虑到景区内部人员流失或者景区业务扩张以及市场扩大等因素。

3. 拟定景区工作的说明书

工作说明书是根据工作分析的结果，用书面形式具体说明企业各类岗位的工作性质、任务、责任、权限、工作内容和方法、工作环境和条件，所属部门、直接上下级等所做的统一要求。招聘成功的关键在于要让应聘者了解相应职位的要求与工作内容，从事这项工作应具备怎样的知识、技巧、能力，以及薪金、休假制度、上级领导等信息。许多招聘不成功，就是因为招聘单位没有详细说明职位要求和待遇。因此，制定好招聘计划后，紧接着需要制定相应的职位说明书。

（二）服务组织人力资源的类型划分

景区业是服务产业，主要是通过高质量的服务来为游客创造一种令人愉悦的环境与经历，从而满足游客的需求。服务主要由景区人力资源来提供，景区人力资源又由下列五个部分组成。

1. 旅游接待类人员。大部分景区设有旅行代理机构，这类机构的工作人员有旅行社经理、票务主管、计划行程主管、销售经理、票务员、领队、导游、出纳、司机等。负责将游客接送到景区，并负责在景区内游览过程的接待服务。

2. 娱乐服务类人员。娱乐服务机构的工作人员的种类主要由娱乐项目决定。如潜水、滑索等活动往往要配备教练、救生员等。现在许多娱乐活动项目都提供教育培训服务，因此教练的配备越来越普遍。目前常见的娱乐项目有卡拉OK、网球、游泳、高尔夫球、滑雪、滑草、游艇等，这些项目的服务人员主要有教练或陪练人员、场地维持及工程技术人员、保安人员等。

3. 住宿餐饮类人员主要包括有以下人员：第一，管理人员类：经理、副经理、销售经理、主任会计、助理会计、秘书、打字员。第二，接待与前厅类：前厅经理、接待员、预订员、出纳、接线员、行李领班、行李员、门童。第三，客房类：主管、助理客房主管、客房服务员、洗衣主管、洗衣员。第四，餐厅与酒吧类：餐厅经理、酒吧主管、餐厅经理助理、领班、服务员、出纳等。第五，厨房类：厨师长、助理厨师长、厨师、厨师助理。第六，维修与保护类：建筑维修工程师、园丁、清洁工、保安人员等。

4.基础设施类人员。景区的基础设施包括交通、通讯、供水、供电、医疗保健、商业等各类服务设施。其人员的配置应适当考虑人数的多少与技术结构的设置。

5.宏观管理类人员。景区的宏观管理人员包括景区管理委员会主任或集团公司总裁、营销主任、规划主管、营销专家、公关人员、旅游统计人员、旅游设施标准员、旅游训练专家、旅游信息服务人员等。❶

二、旅游景区中的员工要求

一个景区的良好运营有赖于适宜的管理模式，更有赖于一支高素质的管理和服务团队，而景区所有的经营活动都是靠员工服务来实现。因此，员工的职业素质问题成为旅游景区优质服务的必备要素。也就是说，旅游景区服务质量和水平的高低取决于员工的服务技能和素质修养。

景区员工素质是由员工的品德素质、基本素质和专业素质所构成的员工综合素质。三者是相辅相成的关系，提高员工品德素质，是树立景区良好形象的关键，提高员工基本素质，是推动景区发展的根本保证；提高员工专业素质，是推动景区发展的动力。

---

❶ 范高明.旅游景区服务与管理 [M].厦门：厦门大学出版社，2012：44-57，73-205.

（一）员工的基本素质

基本素质指员工自身所具备的文化知识、语言、思想、判断能力、心理承受能力、自我约束能力和健康的身体。

1.丰富的知识基础。丰富的知识基础主要包括历史知识、地理知识、国际知识、语言知识等方面。酒店员工在面对不同的客人时能够塑造与客人背景相应的服务角色，与客人进行良好的沟通。在了解了丰富知识的基础上，才能顺利地向客人提供优质服务。

2.健康的身心素质。身心素质包括身体素质与心理素质。身体素质是指景区员工应具备的健康的体格，全面发展的身体耐力与适应性，合理的卫生习惯与生活规律等。心理素质是指景区应具备稳定向上的情感力量，坚强恒久的意志力量，鲜明独特的人格力量。健康的身体是景区员工的工作基础，而健康的心态则是景区员工工作的关键。

3.很强的工作能力。一个景区的目标是通过全体员工的努力来实现的，所以每个员工的工作能力就成了景区成功的基石，这些能力包括良好的语言沟通能力、组织协调能力、分析思维能力和社会交往能力等。在景区服务中不但要能完成本职工作，还要能分清利益责任，维护景区和游客的利益。根据景区资源配置情况和游客的不同需求，保持景区正常运转，并发挥优势，创造最大效益。

（二）员工的职业素质

景区员工首先要有良好的职业道德品质，这是员工服务工作的基础。

1.良好的个人修养。旅游业是一个服务行业，旅游服务由诸多环节组成。只有做到对游客无微不至地关心和照顾，才能得到游客的首肯。

2. 永恒的敬业精神。敬业精神是员工精神的基础，是员工实现个人价值的基础，是获得最佳绩效的有力保障，也是优秀员工的职业基准。敬业精神是做好本职工作的重要前提和可靠保障。爱岗敬业是指员工要对景区忠诚，工作主动，诚恳待客。

3. 团结协作。旅游景区作为一个部门众多、机构繁杂的综合企业，拥有众多的人力资源，这就自然形成完成共同目标和任务的团队，其中的每位员工也有自己的职责和奋斗目标，他们之间相互协作，相互激励，最终实现景区共同的宗旨和发展目标。但团队需要一种精神来统一员工的思想、理念和行为，也是凝聚团队成员力量的源泉。在一个景区中还可以有大小团队，团队成员和团队之间合理分工、良好合作，并有效监督来确保任务目标的完成。同时一个团队的和谐需要通过沟通，形成良好的同事关系和合作伙伴。因此，景区员工应统一思想，提高认识，分工协作，为实现个人、团队和景区的共同发展而努力。

（三）员工的专业素质

专业素质指员工在所从事的专业岗位上，具备的专业知识、专业技能以及创新意识。

1. 合理的专业知识。景区员工的工作分工并不意味着他只需要具备与其业务相关的知识，而是要在具备基本素质的基础上，既要精通所从事的具体工作，还要掌握旅游管理、市场营销、相关政策法规等知识。

2. 熟练的服务技能。掌握一定的服务技能是对景区员工的基本要求，熟练掌握标准化的服务技能，并在此基础上对游客开展个性化服务，则是对景区员工的较高要求。所以，景区服务人员要熟练掌握服务技能，并能够针对旅游者的需要提供个性化服务，做到速度与效率、标准化服务与个性化服务的统一。

3.强烈的创新意识。创新意识是指人们根据社会和个体生活发展的需要，引起创造前所未有的事物或观念的动机，并在创造活动中表现出的意向、愿望和设想。它能促成人才素质结构的变化，提升人的本质力量。在旅游景区中，创新就是在生产、技术、经营和管理各个环节，不断创造和应用先进的思想、科学的方法、先进的技术来替代过时的要素，从而达到企业更新和更高目标的一切创造性劳动的总称。目前我国景区迫切需要从观念更新、产品创新、技术革新、运营模式创新和管理模式创新等方面进行努力。只有不断地创新，才能保持竞争优势。[1]

---

[1] 王玉成.我国旅游景区管理体制问题与改革对策 [J].河北大学学报（哲学社会科学版），2017，42（3）：143-148.

第三节 旅游景区服务质量管理体系构建

一、旅游景区服务质量的管控

服务质量是市场竞争的基础任何一个景区要生存和发展，就必须在市场竞争中取得胜利；要取得市场竞争的胜利，就必须提供高质量的旅游产品；要提供高质量的旅游产品，就必须完成很多与质量有关的工作。这些工作就是质量控制的职能。旅游景区服务质量控制的职能，就是旅游景区为了保证和提高产品质量所进行的与产品质量有关的全部活动的总称。质量控制的职能具体落实在对旅游从业人员工作质量的监控上，并最终通过产品质量成效、工作质量成效和经济效益反映出来。因此，景区旅游服务质量的管理与控制要依靠从业人员自觉遵照质量标准，尽心尽力提供游客满意的服务要达到这一目的，就要加强从业人员学习，建立全员的质量职能概念，合理分配、执行质量控制职能，并狠抓质量责任制的贯彻和考核工作。

（一）旅游景区全面质量管理的实施工作

1. 质量教育工作。质量教育是推行质量管理的前提条件，它包括四个方面内容：一是质量意识的教育，质量意识是员工对质量的看法和认识通过教育，使员工认识到"质量是企业经营的生命线""没有质量就没有效益"等有关观点；二是全面质量管理基本知识的普及教育，使员工掌握企业服务质量的基本内容和标准，了解企业质量管理的基本知识和方法，从而强化自我管理意识；三是职业道德教育，培养员工高尚的道德情操；四是业务技术教育，使员工掌握正确的技能和方法，提高业务技术和服务水平。只有全体旅游从业人员了解全面质量管理，关心全面质量管理，掌握全面质量管理，才能参加全面质量管理，从而提高服务质量，增加游客对景区的满意度。

2. 质量信息工作。搞好质量管理，提高景区的产品质量，关键要对来自各方面的影响因素和有关标准执行效果有个清楚的认识，做到心中有数，因此，质量信息是质量管理不可缺少的重要依据。旅游景区在全面质量管理中，应注意掌握三个方面的质量信息：第一，员工的工作质量信息。通过旅游者的意见反馈和自我检验，及时调整与改进从业人员的服务；第二，旅游产品的设计组合质量信息；第三，国内外同类旅游产品的质量信息。

3. 质量责任制。要使景区的质量工作落到实处，必须建立责权利挂钩的质量责任制，明确区内各部门、各企业以及每个员工应达到的质量目标，健全质量激励机制、质量约束机制和质量考核机制，在客观上促进产品与服务质量的提高。❶

（二）质量的负反馈控制

旅游景区的质量负反馈控制，是景区管理机构预先设计区内各行业的质量目标，在不断对比质量目标与质量现状差距的基础上，促使目标差距不断减小的一种控制过程。如景区管理机构可简单地规定各企业的最低投诉率，对超过这一数据的企业，根据情况令其整顿或取消经营权。

---

❶ 陈喆，翁美莹. 景区服务质量研究述评 [J]. 特区经济，2017，（4）：116-118.

1．反馈环节工作效率的提高

为了缩短质量信息反馈时程，必须疏通反馈渠道，提高反馈环节的工作效率。

（1）建立统一的质量信息中心。景区内设立投诉站和方便的投诉电话，质量信息中心不仅接收游客的投诉、传递质量信息到相关的单位或个人，而且还应监控执行结果。

（2）建立质量信息管理的制度。对各种质量信息在传递、执行的时间上做出明确规定，并将之与质量责任制结合起来。

（3）选择多种质量反馈方式。景区的整体质量系统是由多个子系统构成的复杂系统，要控制好这个复杂的质量系统，单靠旅游者一条反馈线路是不够的，还需要借助行业间的质量信息反馈线路。

2．质量负反馈控制实施应注意的问题

（1）尽可能提高质量反馈信息的真实性。景区的质量信息包括旅游基础产品的质量信息、旅游产品组合质量信息和从业人员工作质量信息三方面。质量反馈信息是指在实施质量控制过程中对质量目标实现情况的反映信息，它的真实性是保证质量反馈控制的关键。

（2）尽可能缩短质量信息反馈的时程。景区质量信息反馈的时程，是指现时质量信息反送回质量控制主体的时间进程。质量信息反馈的时程越短，就越利于管理人员和工作人员及时修正工作方法，提高工作质量。❶

---

❶ 徐静．旅游景区服务与管理 [M]．天津：南开大学出版社，2013：172-189.

二、旅游景区服务质量管理体系的标准化

随着经济的发展和人们闲暇时间的增多，旅游消费需求日益增多，旅游市场日趋红火。特别是国家实行新的节假日制度后，以假日旅游充当先锋的假日经济发展迅猛，有效地拉动了国民经济的增长，引起了国家和各级政府对发展旅游业的高度重视。一大批高质量、高品位、高水平的旅游景区成为中国旅游发展的生力军和国际旅游形象的重要组成部分。但是，由于旅游景区归口不一，行业管理滞后，经营管理、服务质量、设施要求没有统一的标准等原因，出现了许多不尽如人意的问题：旅游景区管理机制不适应当前形势的要求，服务意识弱，环境保护不力；资源和产品不匹配；市场定位泛化；管理不善，人员素质有待提高；可持续发展后劲不足等。这些问题不解决，将会直接影响到旅游景区的市场竞争力。❶

标准是质量管理的基础，质量管理是执行标准的保证。提高旅游景区的服务质量和工作质量需要不断地认识、实践和总结，因此，运用旅游景区的质量保证体系来控制和提高质量是一个循环的过程。旅游景区的标准化管理体系可以按照PDCA循环，即计划（Plan）、实施（Do）、检查（Check）和处理（Action）四个阶段来开展这四个阶段组成一个循环，可称为PDCA管理法。PDCA循环是科学的质量管理工作程序运用PDCA循环解决旅游景区质量问题，可分为以下四个阶段进行。

第一，计划阶段。主要活动是按要求和需要并结合自身条件制订计划和方案。对旅游景区而言，这就是决策与准备阶段，首先取得最高管理者的承诺和支

---

❶ 马彦.论提升景区服务质量的必由之路 [J]. 江苏商论，2008，（11）：84-85.

持，然后成立专门的小组（机构）来完成前期策划和设计工作。同时，管理体系的运作会涉及技术改造，需要一定的资金投入和技术，因此，旅游景区在体系建立之初疢保证资金到位和配备技术力量。

第二，实施阶段。主要活动是按照制订的计划和方案组织实施。对于旅游景区而言，这是具体的策划与设计阶段，这个阶段是管理体系建立过程中的一个重要阶段，其中包括自我评审，质量方针、质量目标和管理方案的制定，规章制度的制定和健全等内容。通过自我评审，总结、分析旅游景区现有的管理状况和存在的问题，并编制报告，为旅游景区制定切实可行的质量方针和目标提供依据，制定质量方针应充分考虑现状，针对旅游景区本身的特点指出质量目标和指标的总体框架；质量目标应具体，指标应易量化；为实现质量目标、指标，须制订操作性较强的管理方案，确认方法措施、进度、执行部门、责任人、资金预算等，以保证目标的按期实现为保证与标准化管理有关的活动在程序规定条件下运行，旅游景区应加强和健全制度化建设。

第三，检查阶段。主要活动是对计划和方案的执行情况进行检查。对旅游景区而言，导入标准化管理是由旅游主管部门组织对其实施标准化工作的情况进行检查，发现并指出问题，要求进行整改。

第四，处理阶段。主要活动是根据体系的实际情况和变化的需要，对体系做综合评价和处理，进而提出改进要求，以便制订新的计划和进入下一轮的 PDCA 循环。在旅游景区实施标准化管理过程中，这是一个阶段性的总结和评估过程，具体由评定小组进行综合评价和处理，提出更多要求，以促使旅游景区向更高层次、更高质、更高品位发展，并维护旅游景区的可持续发展空间。❶

---

❶ 雷红霞. 我国旅游景区服务质量提升策略研究 [J]. 江西社会科学，2016，36（4）：222-226.

第五章 旅游景区游客观光服务管理创新

随着生活水平的不断提高，旅游者对旅游的要求也逐渐提高，除了注重旅游产品的价格外，他们开始更加注重旅游产品的结构与服务。只有提供专业服务，才能满足游客的个性化需求。景区只有为客人提供优质服务的诚意，才能有资格参与行业的竞争。本章主要围绕旅游景区接待服务管理创新、旅游景区解说服务管理创新、旅游景区游客引导服务管理创新展开论述。

第一节　旅游景区接待服务管理创新

一、旅游景区票务服务的管理创新

（一）订票服务工作

订票工作是实现景区经济效益的预先环节，随着旅游业的发展，旅游客流量逐年快速增长。特别是我国旅游资源独特、丰富，加上公休制度和长假的出现，使旅游旺季的形成气候，所以逐渐开始使用景区门票预定系统。根据西方旅游管理经验，景区预售门票已成为一种趋势，对景区旅游接待和环境管理等方面都有积极的作用。

1. 订票的方式

（1）代理订票。这是一种最原始、最普遍的订票方式。因为起初旅游都是通过旅行社等组织起来的。主要的代理点有：第一，旅行社代理点。我国游客最先主要是通过旅行社来获得到景区游览的途径。因为在当地（客源地）或目的地旅行社可以了解到景区景点的相关信息，决定旅游行动与否，并实现预定功能。第二，宾馆代理点。不少景区为了拓展业务，方便游客，与所在城市的各大宾馆合作，游客可以通过其住宿的宾馆了解景区并预订门票。第三，商场代理点。繁华城市的商场人流量大，人群密集。在这里设立景区门票代理窗口无疑吸引不少游客，实现订票业务。同时，还会起到宣传广告效果。

（2）电话订票。电话订票是经常使用的一种订票方式。订票热线电话可以设在售票处，也可以设在游客服务中心的咨询服务处，以便统一受理订票业务。

（3）网上订票。随着网络时代到来，旅游咨询网站的出现，专业网上订票的网站和景区网站的开通，各景区景点纷纷开设网上订票业务。游客可以通过专业订票网站（如携程旅行网），也可以通过各自景区网站直接订票。

2. 订票的过程

订票主要包括以下工作流程。

（1）填写预订的景区和日期。当接到游客的预订后，要游客明确预订的景区景点和日期，以及订票方式等。

（2）填写订票人和领票人的信息。要填写的订票人信息，包括订票人姓名、国籍、有效证件（有效身份证、学生证、老年证、军官士兵证、护照等）的号码、送达方式、付费方式、联系电话号码和地址等。

如果订票人与领票人不一致，还要详细填写领票人的信息，内容与上述大致相同。要特别注意有效证件号码与联系电话号码（包括手机），因其是唯一凭证和关键联系方式。

（3）确定订购的票务类型及其数量。票务类型指的是团队票或散客票、成人票或儿童票、普通票或优惠票等类型。不同类型的票，其票价不同。数量指的是订票人实际需要预订的票的张数。

（4）确认预订的订单。订票是否成功，要取决于订票人与景区或代理网站操作员的信息反馈。因此，操作员要尽可能迅速提供信息，缩短订票人等待时间，以促成交易。

（5）支付预订票费。付费方式可以通过现场支付或网上支付，如果是网上支付需开通网上银行支付系统。并且显示订单状态从"未支付"到"已支付"。只有支付成功，开出订单，才能算预订成功。

（6）现取或送达订票。当订单支付成功后，即可在规定的时间内，由领票人到指定的地点领票或送票上门。领票人要凭取票单和有效证件取票。❶

（二）售票服务工作

售票服务工作是实现景区收入的直接环节。此项工作相对而言比较单调，但责任重大，一旦发生差错，对景区和员工个人都不利。因此，要求售票人员工作责任心要强、仔细认真，具有良好的礼仪礼貌和职业道德，并具有一定的财会知识和相应的服务技巧。在旅游景区门票中要尽量避免设园中园、票中票。

1. 售票的流程

（1）售票准备。①提前 15 分钟到岗，统一着装，佩带工作徽标，仪容整洁。不得携带私款上岗。②检查票房和窗台的清洁卫生。悬挂票价牌或票价变动原因。③准备当班所需票据、零钞、工作用品是否齐备，检查确认无误后上岗。如有问题及时向主管领导汇报处理。④摆放好门票、零钞和所需物品，以职业标准端坐操作台前，面带微笑开始售票。

（2）售票工作。①当游客到售票窗口前时，主动问候，"欢迎光临"，"请问需要购买几张门票？"②售票时，主动向游客解释优惠票的条件，做到热情服务，礼貌待客，唱收唱付；③售票结束时，要向游客说"谢谢"或"欢迎下次光临""祝您旅游愉快"等用语；④售票中要耐心解答游客的询问。如有游客失礼，应保持克制态度，不能恶语伤人；⑤耐心听取游客的批评和建议，并及时向上一级领导反映情况；⑥游客如需开具发票，应实事求是地为游客开具；⑦游客购错或多购票时，应根据实际情况，按规定程序办理退票手续；⑧在闭园前一小时后购票的游客，应提醒闭园时间，以及景区仍有的主要活动；⑨交接班时，要认真

---

❶ 李伟，穆红莉. 基于信息技术进步的旅游服务创新 [J]. 科技管理研究，2012，32（13）：200-203.

核对票和款的数量，核对门票编号；⑩下班时，要整理好内务和清理卫生，关好电源和门窗。

（3）结账工作。①每天的售票工作结束后，需要进行盘点，做到日清日结，准确无误，保证账、票、款相符，并认真填写相应的《售票日报表》；②当天售票工作结束，将当日的《售票日报表》和款项交财务部门，不得私自带走；③如出现长短款按照相关规定处理。

2. 售票的技巧

（1）认真细致，识别伪钞。售票过程中，伪钞问题还是要重视的。所以要当面验钞票和唱票，避免发生争执。如有条件，最好配备验钞机。但也应该要有钞票的知识和辨认伪钞的能力。而且辨别真假的动作要娴熟、自然，不要过于明显，否则使游客看了不愉快。

（2）集中精力，看护票款。在售票过程中要保持清醒的头脑，精力集中，要保管好钞票和门票。特别是旅游旺季、游客众多的时候，每位售票工作人员都应树立正确的观念。

（3）热情服务，愉快购票。售票时，应热情、礼貌地向游客说明门票价格优惠制度。一般而言，景区都会对不同人群实行差别定价，如儿童票、学生票、团体票、假日票等，要主动服务，热情周到，取得游客的理解与支持，避免产生不愉快的事。也不可以将购票矛盾传递给验票处，否则会带来不良后果。

（4）掌握分寸，避免争端。钱一定要当面点清，遇到问题切不可与游客发生争执，要善意提醒游客，用婉转的语言或灵活处理。

二、旅游景区排队服务的管理创新

排队现象在景区内随处可见，其原因在于服务现场的游客数量或服务需求量超过服务接待能力。所以景区要做好排队服务，首先要对景区内容易产生排队现象的地点，分析产生排队的原因，采取恰当的排队形式和有力措施引导好排队，并在排队过程管理中掌握游客等待心理状态和灵活运用服务技巧。景区排队服务将对景区的形象产生重要影响，这就要求景区重视排队服务工作，缩短排队时间，把景区排队系统管理作为景区研究的课题。

排队服务常出现于售票处、景区入口、游乐项目等候处、景点摄影点、餐饮场所甚至公共场所等，景区排队服务就是为了让游客愉快、顺畅地进入景区等而采取的必要的设施和管理手段。由于旅游的季节性较强，经常会出现旅游旺季人口堵塞，造成游客长时间排队等候的情况。如果分流措施不力，会降低游客的满意度，损害景区的声誉。

（一）游客排队服务

景区服务性产品生产和消费的同步性和游客需求的随机波动性，使得游客到达景区时，可能服务台都已经被占用，立即得到服务得不到实现，那么游客就需要耐心地排队等待，这就导致了排队的产生，即游客在某一特定的时间段不得不为接受服务而排队等待接受服务。

1．排队的等待心理分析

在经济意义上，消费者等待的成本是放弃了在这段时间里可以做的其他事情，另外还有厌烦、焦急和其他的心理反应的成本。

（1）游客等待感到焦虑。通常排队等待时会产生一种烦躁不安的感觉，等待的心理会影响等待的游客。不公平的待遇也会使游客不满，继而产生一种埋怨的态度，使游客对景区服务产生不好的第一印象。

（2）游客等待觉得无聊。在排队期间人们无法做自己喜欢的事或有目的的事情，这种空闲或无所事事让人感觉难受，总感觉烦闷、无聊、无能为力，而且只能任凭服务者摆布，这也令人感觉不舒服。若轮到接受的服务没有预期的好时，会产生的不必要的恼怒，在游玩时会变成一个挑剔、难缠的消费者，就会直接影响到顾客对企业的满意度。

（3）游客等待感觉漫长。顾客在等待服务期间有着特殊的心理活动，会导致其对时间的感知产生错觉。人们总感觉到等待的时间比他们实际等待的时间要长。景区服务管理者应该设身处地地为游客着想，一方面提高服务水平和效率；另一方面要掌握排队服务中的技巧，以降低游客的流失率，提高游客的满意度。

2.排队的管理原则

排队是游客服务中常见的一种现象，但也是影响很大的一种现象，所以，排队管理是景区管理与服务人员不得不面对的一个挑战。排队管理是指控制和管理服务等待的时间，包括针对预期的顾客人数和到达时间，配备必要的服务设施，确保必要的服务接待能力，尽量缩短顾客等待时间，努力满足顾客等待的心理需求和期望。制定相应的排队管理战略，缩短游客等待的心理时间，消除游客因待而形成的负面影响是景区服务管理者的一个职责。在排队管理中要把握好以下原则。

（1）等候知晓原则。等候知晓原则就是要让游客明白服务人员知道他们在等待，这可派一名服务员与等待的游客接触，使游客明确景区服务员知道他正在等待。

（2）愉快等候原则。愉快等候原则就是要让游客等候时不会觉得无聊，因此可设置专门的等候区，并将其布置得宁静、素雅，提供些阅读材料，播放着舒缓的轻音乐或景区简介片，使等待的过程变得活泼有趣。并将等候区与游乐区隔开，避免直接的视觉刺激。

（3）周到服务原则。游客在等待时无其他事可做，这时会仔细反复地熟悉周围的环境，甚至于注意每一细微的事。因此，这个时候，景区更应该注意服务细节。

（4）规范排队原则。规范排队原则就是要建立良好的排队秩序，不挤不乱，不插队，不特殊关照，平等对待，使游客保持良好的排队心态。

（二）排队服务的技巧

服务需求的波动是一件不可避免的事情，排队是绝对的，不排队是相对的。作为服务的前奏，排队等待通常出现在服务最开始，有效地管理游客的排队等待特别重要，不管在等待后得到的服务有多好，第一印象常会长期保持，并极大影响消费者对总体感受的评价。因此，要设身处地地为游客着想，从景区的服务品质出发，做好排队服务工作。

1.提供"等待服务"

在游客排队等待时，景区应该提供一些必要的"等待服务"。

（1）保持良好的服务氛围。提供明净、舒适的环境和服务设施，不直接参与服务的员工和设施，避免让顾客看到。如果在等待的时候，能够进入他们视线的每个员工都在忙碌的话，顾客会更耐心一些。增强游客等待信心，消除游客焦虑情绪。相反，如果看到有些资源闲置在一边，顾客会感到不耐烦。

（2）设置宽敞的等候区域。每天都有排队的景区通常会专设等候区，同时也不会受恶劣天气的影响。放置一些舒适、小巧的沙发、椅子。同时还可展示景区的新、特景点，帮助他们轻松度过等待的时间。

（3）提供良好的排队环境。良好的排队环境包括干净、舒适的座椅、栏杆，具有吸引力的可视景画、丰富的阅读材料、景区的宣传单（册），优美的音乐、电视音像等，以分散顾客的注意力，让游客在不知不觉中度过等待时间。采用合适的排队队列，尽量使排队等待模糊化。

（4）提供必要的关怀服务。及时与游客沟通排队情况信息，提醒等候时间，让游客对等待有充分的思想准备，克服顾客在等待中所面临的焦虑，提高对服务的期望值。还可以送开水，为老人搬椅子，为小孩提供手偶玩具，使游客清楚服务人员知道其正在等待的问题，并积极满足游客服务。

（5）应用科技的品质服务。随着科学技术的发展，排队管理的系统和方法会越来越先进。要充分利用科学技术，提高设施设备质量，提高服务的自动化水平，降低排队现象的出现率。加上服务人员较高的服务素质，那么排队管理就会更加成熟，游客满意度就会更高。如果游客能不用排队等待而接受服务的话，这对景区和游客而言都是有利的。

（6）缩短游客等待的时间，提供快捷的服务。这不仅是景区经营的潮流，同时也是一个景区市场竞争的优势。仔细分析游客在景区内的游览过程，就会发现，游客等候的时间是从排队等待购买门票开始，到排队乘坐车辆离开景区而结束，其中等待的时间和内容各不相同，但都是等待。要通过努力提高景区服务的水平和效率，缩短游客显性和隐性的等待时间，提高游客的满意度。

2. 培养服务人员的敬业精神

当服务需求大于服务供给时，服务人员的工作态度、敬业精神成为游客更为关注的对象，它不但能提高服务效率，更为重要的是在安慰游客方面起到重要作用。试想游客在焦急的等待之中，而服务人员还在聊天或做一些与工作无关的事情，会引起游客的极大不满。长时间尽职尽责的服务容易使服务人员产生疲劳感，但不能在游客面前有所流露，更不能借此发泄自己的不满。作为管理者要尽量安排好服务人员的休息，保证服务人员在提供服务时有一个良好的精神面貌。

3. 制定公正的排队规则

公正对于每一位参加排队的游客而言都是非常重要的，景区必须制定出一系列的排队规则，并严格加以执行，以维护排队中的公正性。一般排队等待要遵循以下四个优先规则：

（1）预订者优先。预订游客已提前确定了服务消费需求，应该实行优先服务。

（2）先到者优先。对先到者提供优先服务，杜绝强行插队、熟人插队的不良现象。

（3）团队优先。考虑到团队的规模消费、服务所需时间相对较短，更为重要的是团队是由与景区有长远利益关系的中介机构发送的，因此，只要不与其他原则发生明显冲突，景区可以对其实行服务优先。如在景区餐饮场所实行团队餐预订，优先照顾。

（4）特殊人群优先。对老人、幼儿、残疾人、军人等社会特殊人群，在排队优先中都应该有不同程度的体现。

三、旅游景区游客咨询服务的管理创新

咨询服务是一种顾问及相应的客户服务活动，其内容是为客户提供咨询服务，这种服务的性质和范围通过与客户协商确定，客户（请教方或咨询方）提出问题或疑难，服务主体（答疑方或服务人）给出建议或解决方案，双方通过协议

对彼此的责任和义务进行约定。景区向游客提供咨询服务是一项基本的服务，也是必不可少的。咨询服务可分为电话咨询和现场咨询，一般咨询服务主要设在旅游景区游客服务中心。由专门培训的服务人员来承担，回答游客的询问，解决游客的疑难问题，受理游客反映的问题等。

（一）现场咨询服务

一个优秀的景区都会设有专门的游客咨询服务中心，供进入景区的游客进行现场咨询。景区内除了具有专门的景区咨询服务人员外，其余所有员工同样都是兼职的咨询服务人员，也就是说景区每位员工都有可能成为游客咨询的对象。因为在景区内，游客最信任的人就是身着景区制服的工作人员。向游客提供咨询服务应该是景区内每一个员工应尽的职责，不少景区还在尝试"首问制"，即要求景区工作人员对询问对象决不说"不知道、不清楚"，而是尽力帮助。对确实不能解释的，说明原因，解释到位，主动联系能够满足游客问询需要的部门或员工。例如，景区内经常有游客询问卫生间在哪里、怎样去餐厅等。回答游客的最低要求是员工能正确、清楚地向游客说明白，而不是仅仅用手指一指，或者说"不清楚"。回答游客的期望要求是能够把游客准确地送到其要去的地方，这时游客就不仅是满意而是惊喜了。当然这样做的前提应是处理好与其他工作的关系。

1. 现场咨询服务工作的流程

（1）主动问候。在岗的工作人员当遇到满脸疑问、迷茫或正准备走向自己的游客时，应该主动迎上前去问询，给处在困难中的游客以温暖的感觉，并留下亲切、热情的好印象。

（2）专心倾听。对于游客提出的问题应该认真倾听，首先，双目平视对方，全神贯注，集中精力，以示尊重与诚意；对于提出的问题应该以点头或"嗯"等形式有所反馈。其次，要有优雅的姿态。在游客提问时要始终保持典雅的站姿、正确的坐姿和优美的步态，以及适当的手势。

（3）有问必答。对于游客的问询，要做到有问必答，用词得当，简洁明了，避免没有把握、含糊不清的言语，自己能回答的问题要随问随答，决不推诿；对不清楚的事情，不要随意回答。经过努力确实无法回答，要向游客表示歉意。

（4）愉快再见。对待游客的咨询，应当直到其满意为止。当游客满意地准备离开时应主动向游客道别，并祝其玩得愉快。

2. 现场咨询服务的员工要求

（1）参加班前会，准时上岗。按规定着装，化妆得体。从景区规范管理来看，所有的员工都应该有着统一的制服，这既是景区的形象，也便于景区的管理。

（2）做好咨询台周边的环境卫生，以饱满的精神状态准备迎接游客的到来。一定要有正确的坐姿，坐得姿态端正以坐满座位的 1/3 至 2/3 为好，上身要挺直；典雅的站姿，站着为顾客服务时，身体正对着客人，腰身挺直，双腿不可抖动，最好与顾客保持 1.5~3 米之间的交际距离；在服务时配合适当的手势指引。因为一个人的外在形象是人的思想感情和文化修养的外在表现，同时也反映着对工作的态度。同时要求保持良好的礼仪形象，微笑服务。微笑就是告诉顾客，他们来对了地方，并处在友好的环境里。因此所有的工作人员在面对顾客的时候始终牢记要保持微笑。

（3）工作态度认真、和蔼。要认真地对待每一位顾客，准确、仔细地回答每一位顾客提出的问题。对话时应双目平视对方，全神贯注，集中精力，以示尊重与诚意，专心倾听。服务语言得体、应对大方可以给游客留下良好的印象，也可以缓解矛盾冲突，提高服务质量，因此合理地应用语言艺术是沟通和交流成功的重要保障。

（4）阅读咨询工作日志，了解前一天游客咨询的主要内容，理清工作思路，做到有的放矢。

（5）接受游客咨询时，耐心服务，要做到有问必答、用词得当、简洁明了。对不清楚的事情，应该主动向相关部门或员工咨询，然后再清楚地告诉游客。

（6）及时了解本景区的动态信息。这些信息包括景区内开展活动的内容、时间和参加办法等，以便及时向游客提供游览景点的路线、购物和休息等有关信息，为游客在本景区旅游做好参谋。

（7）熟悉景区内及了解景区周围的情况。游客的问题肯定是五花八门的，从问厕所在哪里到该景区附近还有哪些好玩的景点、好吃的小吃等一系列问题。因此，景区内部应当定期给工作人员培训，让其了解该景区的现状和景区周围的情况，以便对所有的咨询都能流利解答。

（8）做好咨询记录和总结。对于游客提出的意见和建议，应该认真记录并及时向有关部门反映。游客提出的问题可能是由于景区内部规划或者管理不完善、做得不到位，因此可以根据工作人员的记录了解景区内现有资源的不足，以便起到更好地优化景区的作用。

3.现场咨询服务中的难点问题分析

（1）多人询问。若多人同时问询，应先问先答，急问急答，注意游客的情绪，避免急慢，使不同问询的游客都能得到适当的接待和满意的答复。如当回答前面游客的问题时，可以对后面问询的游客点头致意，并说"请稍候"；当碰到有的游客非常着急插队到前面来问询时，需要征得下一位游客的同意，如果不同意，而当下这位游客又是非常着急，则可再同下一位游客协商。

（2）了解最新的本景区动态信息。景区内的工作人员除了对本景区内所有的景点布置、游览路线以及景区内的基础设施都详细掌握，还应该对当天或者定期在景区内开展活动的内容、时间和参加办法等详细掌握，及时向游客提供游览景点的路线、购物和休息等有关信息，为游客在本景区旅游做好参谋，并尊重游客的风俗习惯。

（3）回答对本地及周边区域景区情况的询问。游客在本景区游览尽兴的同时，可能意犹未尽，还想到附近其他的地方进行游玩。此时工作人员应该尽量多地掌握景区周边好的景点、住宿、购物以及通往各大旅游城市的交通等，为需要的游客提供相应的信息。如有可能可以备好本地及周围地区的旅游交通图。但是现在随着景区之间的竞争越来越激烈，尤其是同资源、同产品、同市场的景区，当服务人员被咨询到周边竞争对手的情况时，往往会贬低对手。其实这样做很可能会适得其反。因为游客可以通过其他途径获取正确的信息，从而对景区产生不好的印象。在合作竞争的时代，若景区之间工作人员能够互相宣传、互设游览资料，则会做大市场这块蛋糕，产生集聚效应，最后获得共赢。

（4）对方固执己见。在为游客服务时经常会碰到一些固执己见的游客，认为自己是对的、合理的，就得按照他的想法来解决，此时服务人员应该尽量地说服，如果顾客提出的要求在不违反岗位原则和部门规定的前提下，尽量满足顾客。但是如果是在部门规定之外的，那就应该坚持原则不应退让。其实好多游客大都是通情达理的，但是需要得到景区的理解和服务人员的认真开导和解释，如果是违反规定的，他们一定会理解并接受。

（二）电话咨询服务

随着信息时代的到来，电话作为现代社会中快捷、高效的通信工具，已经成为人们在日常交往中交流思想、洽谈业务、沟通信息最重要的渠道，也是交往过程中使用最频繁、最重要的沟通方式。因此游客在了解景区的渠道中，电话咨询是必不可少的，电话服务的好坏可以同样影响到一个景区的整体形象。因为在电话服务过程中，一个人的态度、表情、举止、语言、内容以及时间的把握都会给对方留下一个直观的印象，这一印象被称为是"电话形象"。电话形象是个人文明修养及企业良好形象的组成部分。因此负责接待游客的电话咨询和投诉的工作人员应当重视电话使用艺术。

1. 电话形象的四要素分析

（1）时间要素。打电话时，要在通话中达到自己的目的，确保电话的质量，首先要注意打电话时间的选择。第一，休息时间如果没有紧急的事情，最好不要给别人打电话，如每天 7 点以前，22 点以后；就餐时间以及节假日休息期间，这些时间段一般都是私人休息放松的时间，最好不要打扰人家。第二，注意时差问题，如果是打国外电话要注意时差和生活习惯。

（2）语言要素。接打电话时电话语言要准确、简洁、得体，音调适中，说话的态度自然，声音甜美。尤其要注意敬语、谦语等礼貌用语的使用。

（3）姿态要素。姿态要素包括打电话时的姿势和打电话的态度。打电话过程中绝对不能有吃零食、喝茶、吸烟等行为，即使是懒散的姿势对方也能够"听"得出来。如果打电话的时候弯着腰躺在椅子上，对方听到的声音就是懒散的、无精打采的；若坐姿端正，所发出的声音也会亲切悦耳，充满活力。因此打电话时，即使对方看不见，也要当作对方就在眼前，尽可能注意自己的姿势。要具有良好的服务态度，语气要热情、亲切、耐心。口音清晰，语速平缓，同时还要学会微笑，这就要保持自己的良好的心情和愉悦的表情。

（4）内容要素。打电话前要理清思路，拟好要点和顺序，切忌含混不清，语无伦次，这样既耽误时间、影响工作，还会破坏形象。

2. 电话咨询服务工作的流程

（1）接电话流程

第一，尽快接听电话。电话铃响后，应该放下手中的工作做好接电话的准备，电话铃响三下之后立即接听。

第二，拿起电话先问候。接听电话后第一句话应该是先向对方问好，然后自报单位名称及所属部门。

第三，接听电话过程。电话接听的过程中，应当注意力集中、耐心倾听对方的讲话，并及时做出反馈。

第四，咨询服务电话。在服务电话旁边应该备好记录用的办公用品，如咨询服务记录表和笔，确保在工作区域内能够随时记录咨询内容和需要转达、通知等的通话内容。另外，在通话过程中，应当边听、边询问、边记录，并将有关情况与相关部门沟通。

第五，转接电话。如果接电话的工作人员不是受话者时，若要找的人在附近，请对方稍等后。如果受话者不在，应耐心地询问对方，是否需要回电或转答，若需要则记录下来，以便转答。

第六，打错电话时。当接到打错电话的情况时，服务人员不能对其呵斥或者很不礼貌地将电话挂掉。应当有礼貌地回答，并介绍这里是哪个景区，这样既为景区作了宣传，还给对方留下好的印象。

第七，通话结束时。通话即将结束时，服务人员向对方说"很高兴为您服务"或"祝您玩得愉快"等祝福语后，等对方先挂电话后再轻轻放下话筒，切忌扔下电话。

（2）打电话流程

景区服务人员接到的咨询电话如果不能当即回答的，应当问清楚以后在第一时间回复给咨询者，此时也应做好相应的礼仪规范。

第一，确认电话号码。拨打电话前再核对一下电话号码，确认无误以后再拨打。

第二，电话接通。电话接通以后，先问候对方，再确认是否是受话者。如果是受话者，则先作自我介绍，内容包括单位名称和打电话者的姓名等，然后转向正题。

第三，注意通话的长度。通话时间是宜短不宜长，电话礼仪中有一个规则，叫作"电话三分钟原则"，主要是指在工作当中，要注意把握好打电话的时间，工作时间大家都比较忙，打电话时把要交代的事情讲明白，说清楚就好了。当然生活中的电话就另当别论了。

第四，愉快地结束通话。问题解决以后挂断电话前，要感谢对方对本景区的关心，希望对方能对景区多提宝贵意见，然后说再见，等到对方挂掉电话后再放下话筒。

第五，受话人不在。如果打电话要找的人不在，留言请对方转答：某单位的某某已经来过电话，然后问询对方回来的时间再打过来，致谢以后挂掉电话。这样既可以体现一个景区的服务水平，又可以体现景区对咨询的游客的重视。

第六，拨错号码。如果拨错电话号码，也不要急于挂掉，应先向对方道歉后，再轻轻挂断电话。

3.电话咨询服务的难点问题

（1）同事未及时给人回电话，对方再次来电话催问。当转接同事的电话，对方要求同事回电话，但是由于种种原因同事没有及时回电话，对方又来电催促时，再次接到电话应该实事求是、态度诚恳地答复对方。

（2）对方未及时打电话。如果电话打给对方，对方不方便接听，说再回复过来，可是等了好久没有回电，此时可以打电话过去再询问一下是不是还是不方便，如果是不方便那可以约定一个时间再打过来。

（3）没时间接对方的电话。在工作中可能会有客人来访或者忙于其他紧急的事情，而不能接听来电，如果是熟人来电则可以巧妙地告诉对方，自己现在不方便接听电话，等会儿再给您打过来。

（4）对方发脾气。在服务的过程中，总会遇到有些客人对一些服务不满意，反反复复后可能会发起脾气来，这个时候服务人员要学会适当地安抚客人，首先要静心地聆听对方的倾诉，在他们倾诉的同时要说些表示同情的话，同时分析导致其生气或失望的缘由，尽量做到理解他们生气的缘由。其次是提出解决方法。在听明白客人的抱怨以后，争取和对方一起寻找解决问题的合理方法，如果他们提出某些可行的建议，就可以马上解决。

（三）网络咨询服务

网络咨询服务是信息时代的新生事物。这种咨询带有很大的安全性，这使得即使性格比较内向的人在此也能够活跃起来，大部分时候网络的真实性比现实生活更加强。景区网络咨询是建立在景区网站建设基础上的，设置的栏目有：留言中心（留言反馈）、联系我们、在线咨询（QQ 客服）、我要提问等。景区网络咨询应该具备的素质以及技能包括：善于使用计算机网络工具；景区基本知识、常识；良好的沟通能力，灵敏的反应速度；有清晰的思路，分析客户心理的能力。网络咨询服务的优点是：可以保护个人隐私，真实地反馈信息；客观地分析客户所提的问题，实事求是地回答问题；时间上灵活，可以轻松面对自己的问题。缺点是因为不是面对面的咨询，采取试探性的态度，缺少互动效果，可能直接影响咨询效果；需要辅助以电话、语音聊天等咨询形式；咨询者需要有一定的悟性。

（四）游客服务中心服务

游客服务中心是指旅游景区向游客提供旅游信息咨询服务、旅游展示宣传服务、导游及电子导游讲解服务、行李寄存及物品出租服务、特殊人群服务、投诉受理服务等，同时还可具备休息、接待、旅游纪念品购物等多种功能的接待服务场所，是旅游景区对外形象展示的一个主要窗口。

游客服务中心是景区的主要服务场所，是集信息发布、风景展示和对客服务三大功能于一体，集旅游接待、形象展示、游人集散、购物休闲等多功能于一体的综合性服务区。为游客提供景区介绍、景区形象展示、旅游服务项目公示、旅游产品推介、旅游咨询、游程信息安排、导游讲解、旅游教育、游客休息、电信商务、便民服务、投诉接待、医疗救护、救援救助服务、特殊人群服务、小件寄存、安全信息提示、代售景区（点）门票、旅游纪念商品展销等旅游设施和服务功能。游客中心紧密联系和协调景区各旅游观光的景区景点、宾馆饭店、旅行社及具有旅游服务功能的单位，为游客提供方便快捷准确的旅游信息。❶

四、旅游景区投诉接待服务的管理创新

（一）游客的投诉心理分析

1.求尊重的投诉心理。求尊重是人的正常心理需要，这种心理在整个游览过程中都存在。旅游活动是在生理需求和安全需求满足以后产生的要求，而社交需求、尊重需求和自我实现需求存在于旅游活动过程。景区服务中尊重游客显得尤为重要。游客受到服务不周时就可能去投诉，其目的就是找回尊严。

2.求发泄的投诉心理。游客在遇到使其烦恼的事情或有不满时，心中充满了怨气、怒火，甚至是由于游客自身的原因产生的，借故向服务人员发泄不满而引起投诉，利用投诉求发泄，以维持心理平衡。服务员都应保持冷静，要尽量理解游客，不能因此对服务打折扣，而应用更好的服务来堵住其泄气。

---

❶ 范高明.旅游景区服务与管理 [M].厦门：厦门大学出版社，2012：44-57，73-205.

3.求补偿的投诉心理。当人们寻求满足，而又受种种条件的限制无法得到满足的时候，"求满足"就会变成"求补偿"，这是现实生活中普遍存在的现象。景区服务不能满足游客的需求，使游客的预期目标不能实现，景区服务偏差使其得不到满足时，就会造成游客对景区进行投诉。对这种心理要慎重考虑，伺机让其得到心灵上的，甚至于物质上的补偿，以换取游客的美好印象，转变坏事为好事。

4.求平衡的投诉心理。旅游活动是对紧张工作和复杂生活的一种放松和释放，一方面要通过景区游览来放松，以纾解日常生活和工作中的压力；另一方面要在景区服务过程中，得到必要的心理平衡，借此获得社会的尊重，并体现自我的人格尊严或体现自己的社会地位。游客会去寻找一个"平衡点"，借以平衡自己的精神生活与物质生活。

（二）游客的投诉原因分析

游客投诉的原因比较繁多，投诉的具体内容较为复杂，其中游客对服务不满意是旅游投诉形成的主要原因，归纳起来主要有以下方面：

1.游客对景区内人员服务缺失产生的投诉

对景区人员服务缺失产生的投诉一般是由于景区服务人员服务态度太差、素质不高，服务水平低下、服务观念存在问题、服务没有到位而产生的。它占景区投诉量的绝大多数。主要表现在以下方面：

（1）服务人员的态度问题。①不回答游客的询问，或回答时不耐烦、敷衍了事；②服务动作粗鲁，反应迟钝；③服务语言不当，缺乏礼貌；④不注意个人卫生；⑤对游客不理不睬或爱理不理的，冷落游客的意见，游客吩咐后久久不来。

（2）服务人员的技能问题。①工作程序混乱，效率低下；②业务不熟悉；

③寄放物品遗失或调错；④服务疏忽、遗漏。

2. 游客对景区内服务产品不满产生的投诉

价格不合理，如景区门票太高，特别是园中园，重复购门票，商品或服务项目收费过高；随意变更旅游景点，对旅游产品不满意；最佳观景点被承包经营者占据，拍照需要付额外的费用；景区内提供寄存物品、租车、乘船等不方便，结账方式落后；景区内餐饮质量问题，饭菜质量太差，口味、卫生不能令游客满意；发生安全事故、意外事件，治安状况太差，缺乏安全感等问题。

分析游客投诉的原因，有助于加强景区服务管理，提高景区服务质量，将游客投诉的可能性降到最低程度，也才能有针对性地运用正确的原则、适当的方法和技巧来巧妙地解决游客的投诉事件。

（三）投诉的处理方法

1. 游客投诉的类型分析

根据游客对景区投诉的行为不同，将投诉的类型分为显性投诉和隐性投诉两大类。显性投诉是由于游客不满意程度较大而产生"有作为投诉行为"。这类投诉包括现场投诉、信函投诉、电话投诉、网络投诉等，是游客与景区或景区质量管理部门之间的一种正式的积极沟通，值得景区重视，必须及时、得当处理。隐性投诉是由于游客不满意程度较为轻微，甚至程度较大而不愿意投诉。这种"不作为投诉行为"表现为游客的抱怨、埋怨、诉说，游客问卷调查或访谈时游客的意见、建议或不满等，是游客与景区之间的一种非正式的消极沟通。

2. 游客投诉的处理原则

（1）真心诚意解决问题。以"换位思考"的方式去理解投诉游客的心情和处境，满怀诚意地帮助客人解决问题。只有这样，才能赢得游客的信任，有助于问题的最终解决。

（2）积极稳妥处理投诉。游客投诉一般情绪比较激动，接待投诉切不可怠慢，并注意礼仪礼貌，要给游客申诉或解释的机会，控制住局面，积极稳妥地处理投诉。

（3）维护双方合法权益。投诉接待者在处理游客投诉意见时，要注意尊重事实，既不能推卸责任，又不能贬低其他部门或员工，更不能以损害景区利益来满足游客不合理的投诉要求。

3. 游客投诉的受理程序

（1）受理投诉。受理游客的投诉是一项需要耐心和技巧的工作，因此在受理投诉时，要学会使用正确的方法来处理游客投诉。

① 认真、耐心听取投诉过程。来投诉的游客大多情绪激动，此时服务人员不要急于解释，要学会耐心聆听。

第一，要做到的是聆听游客的投诉。面对愤怒的游客时，有效的聆听可以缓解游客的愤怒情绪，同时可以克服沟通中的障碍，如果服务员认真地听取游客的投诉缘由，就能避免误解、争论、错误和延误。聆听时，应心平气和，不可有任何反感情绪或不自然态度的流露。

第二，应该及时记录和回应。在认真听取游客投诉的同时，还应根据游客的叙述，作认真的记录，同时要及时做出回应，让游客知道，他的感受与信息内容一样已经得到了重视。可以配合专注的眼神或间歇的点头来做回应。

第三，不要计较游客的说话方式。愤怒的游客在对景区或者服务人员发泄不满的时候可能言语过激或者表达不准确，这个时候不要计较，即使是他对景区或者服务人员产生了误解，也不要打断他们的叙述。应当控制好自己的情绪，因为如果打断愤怒的游客，不仅听不清楚问题产生的根源，反而会刺激游客的情绪，不利于问题的解决。

② 退让、理解游客心理发泄。当游客不满时，投诉接待者要做到两点：一是保持沉默。如果试图阻止游客表达他们的感情，可能反而会使他们恼羞成怒。二是让游客意识到投诉接待员正在听他们说。保持沉默并不是对投诉者置之不理，而是要听他们讲，在此过程中，投诉接待员要保持与其眼神的交流。

③ 致歉、体谅游客投诉内容。游客来景区消费，产生不愉快的感觉，景区服务人员就应该向游客充分道歉并表示安慰和同情，在表示道歉时，要注意用语应表达出一种诚意。

④ 安抚游客，消除怒气。只有充分的致歉，才能化干戈为玉帛，平息当前的愤怒，必须是发自内心的道歉才能让游客接受，也有利于投诉事件的解决。前来投诉的游客一般总是觉得自己受到伤害，是带着"受伤的心"把接待者当作救世主，来要求主持公道的。这时，接待投诉者必须对客人表示安抚和同情，比如"我对您感到气愤和委屈的情绪非常理解，如果我是您，我也会有和您相同的感受。"能够说服客人的往往不是严密的逻辑推理或滔滔不绝的大道理，而对投诉的客人做出一些同情和安慰的表示，有助于将投诉者的注意力引向解决问题而不是拘泥于事件的细节和令人沮丧的情绪。

（2）核实投诉。游客在听到抱歉之后，满腔的愤怒可能会得到暂时的平息，但是他们期望的是解决的办法，因此应当积极引导游客，进一步叙述清楚相关的信息，对投诉问题的经过做进一步核实。

① 问清、弄清投诉缘由。在聆听投诉过程中有不明之处，可以通过适当提问的方式，重新向游客收集足够的信息，以便帮助对方解决问题。游客可能认为给他们带来了不方便，有些问题没必要问，甚至认为问问题是对他们的非难。因此，提出的问题应表达出一种友好的意图，同时告诉游客问问题的原因。愤怒的游客很难在一个平静的氛围内讲述完他们所经历的事情，此时服务人员可以根据记录用自己的话重复叙述游客所遇到的问题，即根据服务人员自己的理解对游客

的话进行总结，然后反馈给他们，这样可以确认工作人员所记录的游客愤怒的原因是否正确和完整，同时可以让游客知道自己的问题和要求已经被了解了。

② 收集、分析投诉信息。向投诉游客表示道歉只是为解决问题创造了一个良好的沟通环境，向投诉游客表示同情才是投诉游客真正关心的，这就需要收集有关的信息。

③ 思考、判断投诉情节。在游客的阐述和服务人员的重新确认和提问的过程中，服务人员应当根据经验积极思考，判断问题的严重程度，事件影响面的大小，确定投诉事件处理者的有限范围，考虑游客希望获得怎样的处理结果。若遇严重投诉，应及时通知上级领导。

（3）处理投诉。在弄清投诉问题，收集足够的信息，明确了游客投诉问题之后，要立即采取措施，及时处理，切勿拖延，给游客一个处理及时的好印象。

① 询问、商榷解决方案。在处理投诉时既要站在景区的角度要站在游客的角度。在问题解决之前的征求意见，如果游客选择服务人员提出的某条建议，那问题会很快解决。如果游客不同意服务人员提出的意见，可以选择征询游客的意见。如果游客的要求可以接受，那就迅速且愉快地完成。在职权范围内如果当场就能答复或者解决的就不要有意拖延，应给游客提供几种解决的办法。

② 征求、确定解决办法。在提出解决方案之前，工作人员应根据景区对投诉的处理规定和相关政策，对游客进行解释。不论是游客误解了景区及工作人员还是景区内部本身存在问题，服务人员都应该按照规定或政策做出相应的解释。提出解决问题的方案时，根据相关规定和经验，工作人员可以提出几种不同的解决方案供游客来参考，和游客协商共同寻求解决方法，不可以把自己的处理意见强加于游客。问题解决之后，要征求游客的意见。意见悬殊时根据规定或请经理出面。

（4）补偿理赔。赔偿不是所有恢复顾客满意的情形中都需要的，而是象征性的或实质性的，合理的要求是歉意的象征，赔偿要针对不同人和情况而定。

（5）跟踪服务。游客的投诉实质上是对景区工作的改进，对景区今后的发展起到良好的促进作用。如果游客不来投诉，而是上诉到上一级如旅游局等管理部门，或者去和朋友抱怨，这些都会给景区带来负面的影响。如果是向景区投诉，处理结果又很满意的情况下，则会产生良好的积极效应。因此景区有理由对投诉的游客表示欢迎和感谢。跟踪服务可以是对游客的问候、感谢，也可以是景区新的活动介绍等。主要方式有以下几种：

① 电话问候。如果是对游客身体或者心灵造成伤害的，可以隔一段时间打个电话去问候一下，问其是否康复，还需要提供何种帮助。

② 邮寄信件。如果是游客的投诉是对景区有益的，则在景区改善之后可以通知游客，信件中可以提道：您的意见我们已经采纳，景区也得到了相应的改善，希望您能继续支持我们景区。另外还可以通过电子邮件等方式，通过这些跟踪服务，景区进一步向游客了解解决方案是否有用、是否还有其他问题。跟踪服务可以强调景区对游客的诚意和工作态度，深深地打动游客，并足以让游客印象深刻，从而提高游客的忠诚度。景区的服务质量也正是在这样不断的螺旋式反复中得到了升华。

（6）反馈归档。在服务人员接受投诉处理以及跟踪服务时应记录全部过程，将整个过程写成报告并存档，并在此基础上进行投诉统计和分析，并及时总结反馈给部门经理或负责人。所有的服务人员，尤其是管理人员应对投诉产生原因及后果进行反思和总结，部门负责人也要根据总结尽快采取相应措施，不断改进服务并提高水平。档案资料有利于对景区投诉情况进行阶段性统计分析，寻找对策，提高服务质量。

被投诉者所在部门应该在一定的时间（例如 6 天）内将核查情况、初步的处理意见书面报投诉处理部门。给游客以及归档的书面答复的主要内容至少应包括：被投诉的事由、调查核实的过程、基本事实与依据、责任与处理意见等。一般投诉由投诉处理人员直接处理、反馈，并报有关部门备案。重大投诉由景区责任管理者处理并呈报总经理（或景区管理办公室），处理意见由总办反馈给投诉游客。涉及礼节礼貌方面的投诉，应随时随地进行解决；正式投诉，应在自受理后规定的时间内（例如45天）处理完毕并反馈给投诉游客。

（四）投诉的处理技巧

1. "愤怒"型游客投诉的处理技巧

当服务人员面对愤怒的游客时，如果处理不当则会使得游客更加愤怒，如果巧妙地处理则可以使愤怒的游客成为忠诚的客人。因此，处理愤怒的主要对策如下。

（1）稳定情绪。尽量让愤怒的游客发泄情绪；要让游客感觉到理解并认可，不要有抵触情绪；将游客带离人多的现场并请他冷静下来。

（2）心灵安慰。虚心接受投诉的事件，应先态度诚恳地致歉，保持冷静，更加周到、热情地服务，转移场所，言语温和、亲切，营造和谐氛围。如果确实不能按游客提出的要求办，必须解释清楚，保持规定上的一致性，不能因为游客有要求就破坏制度规定而做出让步。

（3）要勇于认错，这是化解不满的最好方法。不可推卸责任，责备游客，真心真意拉近距离，耐心做好解释安抚工作，及时向投诉者反馈处理意见。

2. "顽固"型游客投诉的处理技巧

（1）肯定投诉。认真倾听游客的诉说，从他们的话语中找到原因所在，并用自己的话语叙述原因所在。

（2）确定事实。确定事实可以避免对方过于夸大事实，例如：在排队等候时间较长时，可以确定对方排队等候的具体时间。

（3）提出建议。向对方解释缘由，有必要时应做充分的道歉。

（4）避免纠缠。如果对方仍不听意见，服务人员可以想办法迅速解决问题，避免纠缠。

3. 提供投诉的补偿服务

在对投诉事件提出解决方案的时候，如果是游客在营销部购买的有形商品出现问题的投诉，可以采取保修、调换、退款等方式来解决。对于在景区内享受服务的这种无形产品而言，会面临更为复杂的局面，需要有更巧妙、更艺术的补偿性服务来弥补游客所受到的损失。这种具体行动目的是让游客知道所犯的错误是不能原谅的，也要让游客知道这种事情不会再发生，补偿性服务只是对游客的一种弥补，作为景区来讲很在意与他们继续保持联系。补偿性服务有这三种常见的形式：①打折优惠。如游客可能会对所住的接待酒店的服务有不满，则可以在住宿价格上打折。②免费赠送。赠送的物品可以包括礼物、商品或服务，如果景区的员工与游客发生争吵，则可以给游客赠票或者赠送景区纪念品。③个人交往。当给游客造成不便时，景区的主管可以打电话给游客表示歉意，当感受到景区对游客的重视和诚挚的关心，这种私人交往会重建景区的形象和信誉。通过个人诚意的交往，可以化解所遇到的不愉快，改变景区或管理者在游客心中的印象。

4. 回答过分要求的方法

在与游客的接触过程中，难免会碰到故意为难服务人员的游客，他们可能会提出一些过分的要求。此时工作人员应该沉着、大方地应对，如可以用幽默的方式避开话题或回绝游客。❶

---

❶ 李志勇. 旅游景区服务提供效率评价方法———一个低碳经济视角 [J]. 软科学，2013，27（6）：140-144.

第二节　旅游景区解说服务管理创新

景区旅游解说服务是旅游景区的一项重要服务工作，是景区服务的必要组成部分。完善的旅游解说系统，向游客提供景区的基本信息和解说引导服务，为游客在游览过程中解读旅游对象物，引导游客观光游览和品味美景，引人入胜，感受和领悟景区的品质和内涵。旅游景区是否有完善的解说服务，解说质量的高低，是衡量旅游景区管理水平的重要标志。

旅游景区的解说服务管理的对象是景区的解说系统。旅游解说是指在景区中解说员的语言讲解和使用媒体传播、设置符号标识，对旅游景点做出解释说明，为游客指明旅游活动方向、指示路径，引导游客在景区顺利完成旅游活动的总称。旅游解说可以分为人员的"导游解说"、事物的"指导解说"、游线的"引导解说"三个组成部分。实际上景区导游解说是由专业旅游服务员来完成，是旅游者在景区门票外的额外消费内容。而导览地图、各种媒体、游览标牌、游览线路等要素构成隐形化的"导游"，也包含了导游功能。此项任务就是要掌握旅游解说服务的方法和服务技巧，能做好景区各项解说服务，促使游客能顺利完成游览观光等活动。❶

---

❶　唐鸣镝. 景区旅游解说系统的构建 [J]. 旅游学刊，2006，21（1）：64-68.

一、旅游景区解说式引导服务

景区解说式引导是旅游景区让游客获取和体验景区各种资源信息的一种重要途径，是景区展示其内涵，加深和强化游客在景区体验的重要手段。解说式引导是游客在景区实现旅游活动的基础和必要手段。有了游览解说引导就能很好地去体会景点的亮点，提高游客在景区的旅游行动效率，提高游客旅游质量。

景区解说系统就是景区运用某种传播媒体和信息表达方式，使景区内特定的旅游信息传播给游客，帮助游客了解旅游景区景点、景观等相关旅游资源的性质和特点，让旅游者轻松地"游懂"旅游对象，起到引导和服务的作用。

（一）景区解说服务的系统

景区的"解说"是一种信息传递的服务，是沟通旅游者与对象物的通路。目的在于向游客提供相关的资料讯息，告知旅游吸引物的背后含意，以取悦游客，满足游客的需求与好奇，同时又不偏离主题，以期能激励游客对所解说的事物产生新的见解与热诚。

景区的"解说"能够有助于人们对旅游资源及旅游产品的理解和欣赏，在游览中达到寓教于乐的目的，提升旅游体验价值；能够提升旅游地的品质，做大品牌价值；还有助于游客管理、避免发生意外事故，也能更好地保护资源与环境。

旅游景区解说系统是指运用某种媒体和表达方式，把特定信息传播，帮助信息接受者了解相关事物的性质和特点，并实现服务和教育等功能，让旅游者"懂游""游懂"景区的一系列手段方法的功能系统。

根据提供信息服务的方式媒介划分为两类：向导式解说和自导式解说。向导式解说服务是以人员来传导信息表达，自导式服务是由物品提供信息服务，如表5-1。❶

表 5-1 向导式和自导式解说比较

解说类型	解说介质	形式	态势	特点	时限
向导式解说	人员 （导游、讲解员）	人员讲解	主动、动态	因人因地讲解	有时间限制
自导式解说	物 （非生命设施）	文字、符号、语音	被动、静态	就物论事讲解	没有时间限制

（二）景区解说服务的功能

由于种种原因，景区解说服务对于不同游客而言所享用的程度是不同的，其功能发挥作用的程度也有不同。有的游客主动搜寻信息，有的游客搜寻信息时受挫，有的游客被动获得信息，有的游客可避服务信息。但无论如何，一个完整的旅游景区解说服务应该具有的功能主要有以下方面。

1. 导游功能

景区的解说系统就是根据景区的空间顺序，为游客提供明确的参观游览路线，提高旅游环境的可识别性，引导旅游者完成旅游活动，让旅游者了解景区资源状况和特征、清楚旅游地的风土人情、地方风物等内容，使他们有安全、愉悦的感受。因此，景区解说实际上是履行了传统的导游功能，但它的导游载体不仅包括一般的导游，还包括能提供基本信息和导向的图解、文字、模型、演示等具有说明功能的方式方法。

2. 欣赏功能

景区解说能向游客提供景区信息，帮助旅游者了解并欣赏旅游景区的资源及

---

❶ 范高明. 旅游景区服务与管理 [M]. 厦门：厦门大学出版社，2012：44-57，73-205.

价值，使其较深入地了解旅游景区的资源价值、景区与周围地区的关系，提升旅游景区文化品位，增长游客见闻和知识，满足游客的精神追求。

3. 保护功能

通过解说系统的设置和帮助信息，使旅游者在接触和享受景区资源的同时，做到不对资源或设施造成过度利用或破坏。

4. 提示功能

景区解说信息中有的是对游客进行指导、提醒和帮助，提高在景区游憩的技能。在解说系统的引导下，能使游客有信心参与，也能注意一些问题，顺利完成旅游活动。特别是一些需要活动技能的游乐项目，或者是一些较为危险的旅游活动，如果没有及时或适时提示，可能会酿成旅游事故的发生。

5. 沟通功能

解说能提供一种对话的途径，使游客、社区居民、旅游服务管理者相互交流，达成相互间的理解和支持，或及时调整旅游活动，实现旅游目的地良性运行。

6. 教育功能

向有兴趣的游客及教育机构提供必要的解说服务，使其对景区资源及其科学价值和艺术价值等有较深刻的理解，充分显示旅游的户外教育功能。基于不同类型的旅游景区，其解说服务功能的重点有所差别。例如，自然类旅游景区的解说服务重点的是强调旅游资源的保护和资源价值的挖掘；而历史人文类景区解说服务重点则在于文化价值的展示或教育功能的发挥；主题公园类景区的解说服务重点是吸引游客参与等。

二、旅游景区向导式解说服务

随着旅游业的发展，游客对景区导游的要求也越来越高。导游服务的程序化和规范化是导游员的基本要求，并且要在掌握导游程序和规范的基础上，去提升自己的业务能力。特别是网络的普及与应用，大多数游客已不满足于大众化的导游讲解，对导游员提出了更有针对性的讲解要求。景区景点的魅力就在于能触发游客的艺术想象力。向导式解说是当前景区的主要解说方式之一。作为景区导游员要有足够的业务知识，掌握景区的专业知识，方可向旅游者提供信息传递、资源保护和旅游教育等功能的服务。

（一）向导式解说服务的工作流程

优秀的讲解员能让游客开阔视野，领略前所未有过的感受。做好景区讲解服务工作要从下面环节着手。

1. 讲解服务的准备工作

景区讲解服务前，要做好以下的工作。

（1）熟悉景区情况。熟悉掌握景区的知识情况，并根据旅游团（者）的特点，梳理相关的知识，使服务工作更有针对性；掌握必要的环境保护和文物保护知识，以及旅游安全知识；熟悉景区（点）的有关管理条例。

（2）熟悉接待计划。在接待讲解服务前，讲解员要了解所接待旅游团（者）的基本情况，弄清旅游团（者）客源地、人数、性质、身份、职业、文化层次和特别要求等，以便有针对性地开展工作。

（3）服务物资准备。佩戴好讲解（导游）胸卡；准备好讲解器材和游览工具（大型景区往往配有游览交通工具）；携带好导游图、相关资料和纪念品。

2. 迎客工作

景区讲解服务开始时，首先讲解员应向旅游团（者）致欢迎辞，作为景区讲解的开场白，对于重要的客人，一般要在接待室致辞。欢迎辞的内容包括：向旅游团（者）自我介绍，表示欢迎，表达工作愿望，希望得到大家的合作和指导。致欢迎辞应注意适度、真挚，说话符合身份，不能让对方感到不真实、做作，以免产生不良效果。

3. 讲解的注意事项

在进行景区讲解时，讲解员要注意以下方面。

（1）景区概况介绍。内容包括：基本概况，如历史背景、规模、布局等；特征、价值；参观、游览的有关规定和注意事项。

（2）游览行程介绍。说明参观、游览的线路和主要内容。

（3）引导游客游览。导游人员应根据旅游者的兴趣和爱好进行有针对性的讲解，积极引导游客参观游览。

（4）适时宣传答疑。导游人员应根据所参观、游览的景区、景点的具体内容对环境保护、生态知识及文物保护知识等进行宣传，并认真回答旅游者的询问。

（5）提示安全事项。留意旅游者的动向，提醒安全注意事项。

4. 其他的导引服务

对于比较大的景区，要一天以上时间才能参观结束的，一般配有餐饮和住宿设施。讲解员要按照游客与旅行社签订的合同标准安排食宿，并说明食宿情况。讲解员也要如实地向游客介绍旅游纪念品和旅游地的特产等，但不得强制游客购物或欺诈游客，并且要制止不法人员尾随兜售。

5.送客的要求

在观光游览活动结束后，景区讲解员要有一个简短的欢送仪式。在仪式中要致辞欢送辞，内容包括：回顾旅游活动、对游客的合作表示感谢，表达友谊和惜别之情，诚恳征求游客对景区和讲解的意见和建议，若旅游活动中有不顺利或旅游服务有不尽如人意之处，可借此机会再次向游客赔礼道歉，向游客表达美好的祝愿，欢迎游客再次光临指导，送别。有的还有赠送景区宣传资料或小纪念品。

6.后续的服务内容

送别游客后并不意味着导游工作结束，因为后续工作还有总结提高和游客回访等。总结工作十分重要，通过总结，及时找出工作中的不足或存在的问题，如讲解员不清楚的知识、回答不准确甚至回答不出的问题。针对游客提出的意见和建议，认真查找原因，汲取经验教训，不断改进工作，以提高景区讲解水平和服务质量。而且还能帮助讲解员提高写作水平，真正做一个学者型的讲解员。总结工作要认真及时，实事求是，如实汇报。总结的内容包括以下内容。

（1）接待团队游客的人数、抵离时间。还应记录团队的名称及旅行社名称或散客情况。

（2）游客成员的基本情况、背景及特点。

（3）重点游客的反映情况，应尽量引用原话，并注明游客的姓名和身份。

（4）游客对景区景观及建设情况的感受和建议。

（5）对服务工作的反映。

（6）尚需办理的事情。

（7）自己的体会及对今后工作的努力方向。

（8）若发生重大问题，应另附专题汇报。

（二）景区讲解的技巧

景区讲解员的语言技能，总是与其记忆力、思维能力、想象力、语言表达能力、组织能力、应变能力和交际能力等联系在一起的。只有各种能力的综合发挥，才能有助于语言能力的提高。讲解员要有充分的自信心，自信心直接影响着讲解水平的发挥与游客的信任感。要做好景区讲解服务，首先要练就扎实的基本功，在任何环境下从容地带好旅游团，讲解好景区（点），同时，还要把握好以下四个讲解技巧。

1. 讲解员要把握自己的权利

讲解员要把握好自己的主动权和控制权，纵观讲解场面全局，把全体游客吸引在一起，讲解场景有整体和谐感，讲解得体，富有个性气质，体现出讲解风格。这在一定程度上反映了讲解员的信心和能力，要把自己的身体和语言与环境景物融于一体，用目光捕捉景物和游客，用微笑营造气氛和环境，使言行和表情感染每一位游客，使他们感到放松、随导游览精彩。

讲解导游词实际上是一种"二度创作"，讲解员以情及物，借物抒怀，去实现情与景的对话，情与人的对话，这是讲解员个人修养和素质的外显，也是对景区景点理解的再现。这种风格展现，能触动游客，引人入胜，丰富想象，耐人寻味。所有这些精彩可归纳为博得游客的青睐。

2. 把控游客的感官

每一个游客的成长经历不一样，学识、志趣、各行也千差万别，时常会有游客对讲解员发出各种干扰信息。如插话、私下讨论，甚至故意刁难等不友善的行径，切不可直面批评和训斥，以免产生逆反心理和对立情绪，一般给予循循善诱，或不予理会。面对讲解员所宣传讲解的观点和内容与游客持有的观点发生矛盾和分歧时，讲解员也用不着和游客争，更不要翻脸，而是在求同存异的基础上，个别、友好地与其交流、探讨，相互取长补短。

面对不愿听讲解的游客时，讲解员首先要控制好自己的情绪并分析原因，然后根据具体情况解决问题。讲解员既要突出重点，又要努力把导游词讲出新意和特色，以此来诱发游客的联想和兴趣。注意调节观赏节奏，应有张有弛，劳逸结合，快慢相宜，导游结合。在景点讲解中，讲解员头脑里要不断设置各类观众，要有明确的对象感，根据不同对象和文化层次，因人而异地选择好讲解内容。在巧妙运用讲解方法，比如对一般的游客，讲解员可多一些问答法、借用故事法等。而对层次较高的游客可运用画龙点睛法、巧妙穿插法等。

3. 围绕景物讲解

景区讲解一定要以事实作为基础，离开了事实，必然成为无本之木、无源之水，胡编乱造，只会失去游客的信任。不同性质旅游景区的导游讲解要求亦有不同，如自然景观和人文景观，或者其中的不同类型景区，首先讲解员既要自己学会欣赏，又要恰如其分地引导游客欣赏，有针对性地组织讲解。

自然景观是指一切具有美学和科学价值，具有旅游吸引功能和游览观赏价值的自然旅游资源所构成的自然风光。较有代表意义的自然景观包括山地景观、水体景观和植物景观等。这些内容丰富多彩、千变万化的景观，应引导游客从不同的角度去观赏。如名山主要表现为雄、险、秀、幽、旷、奥、奇的特点及色彩美、动态美、听觉美、嗅觉美等，构成山地的地层、地质不同所形成的地貌景观也不尽相同，还需从不同角度加以联系，"山不在高有仙则灵"，从而让游客深刻领会名山的文化内涵。又如水体景观在构景和造景中均具有形态美、倒影美、声音美、色彩美、光像美、水味美、奇特美等特点，通过讲解增强景观的美感，丰富游览情趣。也还要介绍时代变迁的有关人文造景因素，才能丰富讲解内容和文化底蕴，体现人与自然的完美结合、和谐统一。还如，植物景观讲解重点从植物分类，植物的形、色、香、声、古、幽、光、影、奇等造景功能，以及植物品质内涵所蕴含的寓意等方面进行。

人文景观是人们在日常生活中，为了满足一些物质和精神等方面的需要，在自然景观的基础上，叠加了文化特质而构成的景观。涵盖内容较为广泛，包括城市和农村聚落景观、各类建筑景观、园林景观、社会精神文化景观和革命活动地等。讲解这些景观时，要从人类建造法则讲解其结构特征，从文化内涵讲解其艺术特点，从动观和静观中体现其审美情趣，从时代性和民族性讲解其地方特色，从实用性和艺术性讲解其使用功能，从虚拟性和实体性讲解其风格表现。

因此，要求导游讲解员要有较为充实的旅游文化知识，才能有绘声绘色地将人文景观的形态构景、地理环境、人文历史、社会文化等介绍给游客，并使他们情景交融，领略山水情趣、体验景观美感，也使讲解既富有知识性，又富趣味性，满足游客求知、求解、求乐等不同层次的需求。讲解时还要说出其妙处，点出其神点，增添审美乐趣。同时，也要给游客时间和机会去独自欣赏、品味，达到享受景观、陶冶情操、赏心悦目的审美快感。

4. 讲解员要雕饰讲解词

讲解员的语言是沟通观众心灵的桥梁，也是使讲解员与观众产生情感交流、传递知识的重要载体。讲解语言要摒弃讲解词的书面表达方式，要口语化，要研究观众对象，讲解方式和方法上要更灵活，让讲解语言不断变化，话题不断拓展，内容越来越丰富。

讲解词是讲解与景物的结合，是对景物语言的注释、补充和延伸，是对景物综合处理的过程，即再创造的过程。讲解词的掌握要确立总体基调及各部分的表达方式，根据表达内容确立基调，是悲壮高昂、还是轻松明快。表达方法也应有轻重缓急，刚柔扬抑。解说员的语言应该正确、清楚、生动、灵活、幽默，做到言之有物、言之有理、言之有神、言之有力、言之有情、言之有趣、言之有喻、言之有礼。❶

---

❶ 成天娥，曹明明，王珺，等 . 文化遗产景区解说服务质量对游客的情感和行为影响研究 [J]. 宁夏社会科学，2018，（3）：227-235.

三、旅游景区自导式解说服务

旅游自导式解说系统是一种常见的旅游解说系统，建立完善的旅游解说系统对这些游客顺利完成旅游行程十分重要。地方文化、主题形象、环境景观和视觉景观等四大要素是旅游区设计出高水平、高质量的自导式解说系统的关键核心。通过调查、评估景区资源，根据旅游者的需求和兴趣，确定解说内容和主题，同时在设计和选址方面要努力做到科学合理，从而使自导式解说系统成为提升旅游区整体形象的重要组成部分。

（一）自导式解说系统的形式

景区标识系统是帮助旅游者完成景区考察的必要指示系统。牌示是最主要的表达方式，它主要反映空间位置、方向、地点，景点景物介绍，以及需要提醒游客注意的事项等内容。由于受篇幅、容量限制，自导式解说系统提供的信息量有一定限度。从另一角度看，正是由于这一限制，使得自导式解说系统的解说内容一般都经过了精心的挑选和设计，具有较强的科学性和权威性。旅游者获取自导式解说系统提供的信息没有时间上的限制，游客可以根据自己的爱好、兴趣和体力自由决定获取信息的时间长短和进入深度。因而，此系统对散客旅游者尤为重要。如果旅游者能按照景区的标识系统顺利地完成在景区的旅游活动，则该景区的标识就是成功的。解说牌示有交通引导牌示、景物解说牌示、警戒忠告牌示和服务导引牌示等类型，可分为以下功能：

1. 介绍。介绍牌介绍景区的概况、历史沿革，介绍景点和景物特征等。

2. 警示。警示牌用以提醒游客应注意的事项，如道路上的各种警示牌，高压电、危险地段的各类警示标志或警戒标识等。

3. 引导。引导牌指明游览线路、景点及商店、厕所、停车场等的方向和距离，一般设在景区内有岔道的地方、公共场所、交通路口等处。

4. 指示。内容包括道路站点等标志牌、停车场指示牌、公厕指示牌以及售票处、出入口、游客服务中心、购物中心、医疗点等公共场所、服务设施的提示指示牌。

5. 信息。信息牌内容包括天气预报、航班、交通情况、景区内演出活动、团队住宿活动、游客留言、失物招领等公共信息，一般设在公共场所或游客相对集中的地方。

6. 说明。说明牌主要用于景区内某旅游资源或某活动项目的说明和解释。例如，对一件遗存文物的说明，对景区内健康休闲车的租借方法、损坏赔偿的说明等。

（二）自导式解说服务的要求

自导式解说的解说形式与制作水平直接影响着解说的有效性和服务质量。纵观我国大多数景区的自导式解说系统，各类解说物的功能定位认识不清，导致解说特色不明、深度不够、服务表面等，存在着不同程度的问题或不足，这些都将制约着解说系统的社会效益、环境效益和经济效益的充分实现。对自导式解说系统也要进行规范管理，在制作上提出要求。

1. 在内容上，突出主题，要突出景区独特的自然属性和文化内涵；不能缺失重要内容，如没有给特殊的自然（地质）或文化遗迹设置解说设施，将对自导式游客带来不便。解说语言要有生动性和创造性，避免平淡、乏味或枯燥，能便于阅读；外语类解说的语言翻译要准确。

2. 在形式上，不能只有牌示解说，其他形式的解说（如宣传册、海报、幻灯片放映、导游图、录像、计算机多媒体等）要兼有；还要兼顾静态与动态的文字或图表解说，形式不能过于单一；信息传播要有单向、双向或互动式的对话（包括人机对话），以促进游客与资源的交流；文字或图表排版要有艺术性或进行技术处理，能醒目或抢眼，牌示尺度适中。

3. 在制作上，材质与景区的主题或氛围要相协调；选取优质材料，避免自然磨损或老化，材料可以就地取材，巧妙地利用景区的木料、石头或石壁等；做工要专业，制作工艺讲究，图文表现细腻。

4. 在安置上，解说成品安放的高度不当，如树木的解说牌示高度过高或过低，不便于游客阅读或易于被人为破坏；注意视角的选择，不能只专注景区的资源或环境本身，较少关注游客的学习或观赏需求。

5. 在布局上，要根据景区的环境、特色及其总体规划和详细规划的考虑，合理安排各种不同功能的牌示；不要过于密集，要布置在恰当的位置；更要考虑游客的视角位点的安全性和避免影响他人；要在景区内将解说的各种类型和形式有机组合进行布局。

（三）网站信息的解说服务

游客在景区游览过程中的解说，实际上有的景区解说在游客到达景区之前就已经开始，正如景区网站的旅游信息，在介绍景点景观和景区人文、指导旅游者游览、展示景区风情风貌上发挥不可估量的作用。因为很多游客出游前一般都会到网上了解一下景区的情况，这些知识的介绍解说无疑帮助了游客到景区的游览。例如三明大金湖景区的网站设置有"印象大金湖""自助旅游""走进大金湖""精华线路""大金湖欣赏"等栏目，对景区进行了全面的系统的解说，使游客对景区旅游资源有了初步印象。再如武夷山风景名胜区开辟有"世界遗产""自然景观""武夷山水""文化遗产"等栏目，使游客能在景区游览前后领略它的旖旎风光，或是游前解说，或是游后进一步解说，促使游客能很好地领略和理解景区的精髓。

四、旅游景区游览线引导服务

对于游客而言，也许只关心过旅游线路，没有真正关心过一个景区里的游览线路。这是因为景区已经做好游览路线的引导工作，但游客在景区游览过程中并不会去在意，他们在意的只是景观品质问题，殊不知游览线路也会影响游客的旅游质量。这里所说的"游览线引导"与旅游线路是有区别的，旅游线路是相对于旅游产品而言，是旅游活动空间线路与在活动过程中为旅游者提供系列服务的总和，其中的服务是旅游线路（旅游产品）的重点设计内容；游览线引导则侧重于景区建设过程中设置的游览线路，是游客游览的方向和路径。

在同一景区，游客游览路线设计的科学与否将在很大程度上影响游客获取信息量的大小，从而影响游客的体验质量。科学的游览路线应该使游客付出最少的精力与体力上的成本，获取最多的知识、最大的愉悦和满足感。因此，为了保证游客得到较好的旅游体验，在设计游览路线时应降低游览成本、提高体验丰富程度与质量。降低游客游览成本，主要应缩减不能给游客带来太多收益的景点间转移的距离，提高游客游览收益主要应考虑增加游览路线上景观的差异性，为游客提供更好的观景位置和观景角度等。游线设计与管理技术还有利于调控景区内客流分布，分流热门景点的客流，减少景区内的拥挤程度与环境压力，确保游客安全与体验质量。

另外，从"旅游线路"说起，旅游线路简称"游线"，换言之是指在旅游地或旅游区内游客参观游览所经过的路线，就是旅游行动通道、轨迹，是贯穿若干个旅游区域的旅行线路。在这种层面意义上，旅游线路和游览线路是同义词。而在专业层次上说，旅游线路是旅游管理机构或旅游经营者（旅行社）向社会推销的旅游产品，并帮助旅游者圆满完成旅游活动的过程。它在内容上包括游客在旅游过程中利用和享受的食、住、行、游、购、娱等一切旅游要素，这些要素环节精心安排，环环相扣，密切配合，有机连接在旅游日程中。

游览线路，简称"游览线"，是指某一旅游区域（景区）内联络各旅游风景特征点（景点）的连续空间链，是在景区内的引导游客游览的行动线路。从某种意义上说，就是旅游景区内的旅游线路。游览线，是旅游景区产品的重要组成部分。游览线路的作用是联结功能和导向功能，能把旅游景区内各个景点和景物组织和贯穿起来，使它们与服务设施联结成一个有特定功能的统一整体。

游览线直接影响着游客在旅游景区内的旅游行动。例如，游览过程中是否都游览了景点景物，是否感到疲惫，有没有劳逸结合，是否舒适满意。对于多数旅游者而言，在舒适度不受影响或体力许可的前提下，能花较少的费用和较短的时间而尽可能游览更多的风景名胜，是他们最大的愿望；对于景区而言，在不违背原则和总体布局的情况下，获得最大的游客流通量。而这一目标的实现意味着给景区游览引导服务提出了更高的要求，即在方便游客到达景点的基础上，尽可能增强审美功能、休憩功能、娱乐功能和其他功能。

第三节　旅游景区游客引导服务管理创新

建设景区就是为了吸引游客。游客是景区的重要组成部分，那么，游客在景区的行为直接影响景区的资源和环境的保护，游客在景区的旅游体验直接取决于景区的服务。景区的服务质量影响游客的旅游品质。为此，游客的文明行为和旅游行为对景区而言是至关重要的，是景区和游客所关心的共同利益。作为景区服务与管理者应为游客树立榜样，加强游客的文明行为引导，所以，景区服务与管理者要正视景区的游客行为，更为重要的一个职责是做好景区的游客引导工作。

做好旅游体验服务，让游客高兴而来，满意而归，是旅游景区所追求的。但是，游客来自四面八方、五湖四海，素质上存在着差异，旅游体验水平也不一样。旅游服务质量的好坏不仅仅由景区的服务员决定，同样也取决于游客的行为和素质，因此，游客在旅游过程中也需要引导和帮助，使他们在游览活动中得到提高。旅游服务业人员就必须了解游客情况，抓住其个性特征，才能更好地为游客提供服务。

一、旅游景区游客引导服务的目标与方法

游客到景区来消费，不是为了接受管理，而是来享受服务的。但是，游客如果没有良好的行为，是不可能得到优质服务的。游客只有受到尊重和理解，消费心态平和，方可实现互利互赢。所以，游客与景区的关系比较特殊，游客既是景

区的服务对象，又是景区的引导对象。景区服务必须通过与游客的有效沟通，服务员在为游客提供服务和帮助的过程中，不断地提醒与引导，来影响游客的消费行为，使游客逐步建立起公德心、责任心、羞耻心，以此来实现游客引导服务，提升服务质量之目的。

（一）游客引导服务的主要目标

景区游客引导服务就是通过引导、约束和规范旅游者行为，来实现景区资源环境保护和游客旅游体验质量提升之目标。

1. 保护景区的资源环境。旅游资源和旅游环境是景区赖以生存和发展的物质基础。景区的相当部分旅游资源具有珍稀性、不可再生性，景区旅游环境具有脆弱性，一旦破坏难以恢复。任何景区都是一个有限的生态系统，它对于外来人流、能流等的容纳有一定的限度。游客是景区生态系统最主要的输入变量，旅游者的大量来访对景区资源环境造成了极大的压力，特别是游客不文明行为对资源环境的破坏更大。

游客不文明行为的结果必然是造成景区整体吸引力下降、旅游价值降低，严重影响和直接威胁着景区的可持续发展。因此，景区游客管理的首要目标是把游客数量、旅游活动强度控制在景区生态系统的承载力范围内，引导、管理和约束游客行为，最大限度抑制游客不文明行为，减少或杜绝对资源环境的破坏。

2. 获得优质的旅游经历。旅游是一种经历，游客的旅游经历不同，其旅游过程中的行为存在差别，所以景区要从全面引导游客出发，做好引导服务工作，使游客在旅游过程中真正体会到一次满足的、优质的旅游经历。

3. 规范游客的旅游行为。规范游客的旅游行为除了保护景区旅游资源与环境外，最重要的还要保护游客人身安全。游客不文明行为往往会给自己人身安全带来隐患。如违章露营、随意喂食动物、袭击动物、不按规定操作游艺器械等都可能给游客自身带来意外伤害。景区游客引导服务必须要做好提醒、示范、检查等工作，保证游客人身安全。

4. 提升游客的旅游体验。旅游也是一种体验，使游客获得良好的旅游体验是景区游客管理的一个重要目标，也是景区树立品牌、扩大美誉度、提高游客的回头率并最终获得较好经济效益的一个基础。景区游客管理通过把游客数量控制在游客心理容量范围之内，抑制游客不文明行为，可提升体验质量。

（二）游客引导服务的基本方法

旅游景区在接待游客的过程中，将不可避免地遇到游客在游览时的不文明行为。这种不文明行为往往成为导致旅游景区环境污染、生态环境破坏、文物损坏和景观质量下降的一个重要原因。对游客的不文明旅游行为进行引导，防患于未然，也是景区服务工作中的重要课题。

1. 激发引导

激发引导是利用旅游者的自我控制意识，激发其按照社会行为准则和景区游览规则行事。这种方法的出发点基于"人之初，性本善"，绝大部分旅游者有公德心、责任心和羞耻心，只要出于关心、帮助旅游者，为其提供服务的过程中，通过信息传递、激发思辨、行为引导的方法来规范旅游者的行为。

要激发引导游客的行为，首先必须有信息传递，作为引导游客行为的激发源。信息传递可以通过游客服务中心发布、导游解说引导、公益宣传广告或者发放宣传材料、利用视听器材、门票印制注意事项等，对旅游者进行宣传、教育和引导。

只有信息传递到了游客，才能激起行为思辨，使其认识到哪些行为是正当的，哪些行为是不文明的，意识到自己对旅游景区应负的责任，从而有效约束自己的不文明行为。

引导的典型方法有教育、示范和引导等。教育是指通过传递景区行为规范的信息帮助旅游者识别行为的对与错，树立起评判行为优劣的标准，自觉遵守行为规范。示范是依托景区服务员、社区居民和其他旅游者的良好行为来实现激发游客公德心和羞耻心的办法，使其形成正确的价值取向。引导就是在游览过程中借助某些物品或标志来提醒旅游者注意其自身行为，达到对旅游者的行为控制，预防和制止不文明行为的目的。

2. 约束控制

约束控制这种方法的作用机理是在景区服务前，景区明确制定相关的行为规则和规章制度，并借助强制力保障实施，在景区服务过程中约束和规范游客的旅游行为，任何违背行为都将受到惩罚。景区要出于对游客负责的态度，做好舆论宣传，只有公开、公平、公正地实施景区规则，对违反规则的旅游者严惩不贷，严格按章执行，才能为旅游者所信服和接受，同时形成一定的威慑力。

要规范旅游者的行为，除了服务人员要有亲和力之外，必须通过景区规则制定的唯一性和知晓性、实施的严格性和公正性，才能控制游客在景区的不良行径。常见的约束控制措施包括：限制（游客流量、停留时间、团队规模）和禁止（践踏、喂食等）。

景区规则制定的唯一性和知晓性就是要求景区在制定相关的行为规范和准则时，其内容应该具有唯一性，否则针对同一条款可以产生多种行为方式必然会给景区管理带来更大的麻烦。同时，制定的规则应该通过合适的方式让旅游者知晓具体内容。例如，大部分景区制定了游览规则，但是游客真正明确知道的并不多。有些景点即使设置了提示牌，如"请勿随意践踏或采摘"等，游客也会因不知道会有怎样的后果而做出一些不理智的行为。因此，景区必须加强日常宣传，通常在游客进入景区之前，发放游客行为规则信息卡或简明宣传册，或者免费发放可降解垃圾袋或其他有趣的小物件等。

实施的严格性和公正性就是要求游客必须遵守景区制定的相关规定或规则措施。严格执行是形成强大威慑力量的前提，只有公开、公正、公平地实施才能为游客者所信服和接受。制定游客管理规则时，必须进行充分的论证与调查，并根据实际情况的变化做出相应的调整与修改，以免引起游客的不满，进一步导致更多不良事件的发生。

3. 鼓励强化

景区服务人员，肩负着全程监控游客行为和干涉不文明行径的双重职责。特别是导游与游客之间建立起一种类似朋友的关系，可以对游客的行为进行适当的总结，并对表现突出的游客予以物质或精神的鼓励，起到强化游客良好行为的作用，保障游客自身和景区的共同利益。例如，景区卫生员在进行卫生工作时，游客主动将垃圾放入垃圾工具时，卫生员要表示感谢配合。因此，要通过大家的共同努力，让文明之风传遍整个景区以至整个社会。

4. 沟通配合

沟通配合是指景区服务过程与游客的有效沟通，并得到游客的理解与配合。有效沟通是双向的，是有效地向游客表达自己的思想、看法和感情，并能够得到对方积极的呼应和交流。有效沟通可以实现理解、支持和配合，减少误解、促进合作、交流融合，达到尽快解决问题的目的。景区的沟通包括人的语言沟通和行为沟通，以及物的信息沟通和引导沟通。特别是直接对客服务的一线员工，如售票员、检票员、游客中心工作人员、设备操作人员、保安人员、导游讲解员、表演活动节目主持人等，掌握与游客沟通的技巧和方法，对于提高服务质量，增强游客满意度都有重要的作用。

（1）沟通障碍。可能存在的沟通障碍主要有以下方面的表现：

① 语言障碍，包括语种、语言水平、理解能力等的障碍。这种障碍涉及的旅游者有年长或年幼的或国外的，他们无法与服务员正常交流，这就要求服务员要掌握相关的外语，针对不同的年龄层次作耐心细致的沟通。还有可能涉及不同地区、不同的民族有不同的风俗习惯，存在不同的语言理解问题，一些行为在他看来是必需的，而在另一些人看来是不文明的。

② 信息不明，这种障碍包括信息含糊不清和信息变更混乱，主要表现为景区（服务员）与游客之间的沟通存在障碍。景区标识语言不明确也会造成沟通上的障碍。

（2）沟通技巧。景区服务员面临沟通的困难，一方面游客是"弱者"；另一方面服务员总处于不利地位——"客人总是对的"（这也是景区服务的准则），两者不是平等地位，受同情的总是游客。因此，提高与这类游客的沟通技巧，保护景区荣誉和管理者自身的名誉就显得十分重要。

① 与游客有效沟通的基本要求可概括为"十法"和"十忌"。"十法"指与游客沟通中的十个方面，包括着装整洁、目光接触、微笑服务、语调柔和、表示兴趣、有效倾听、积极回应、态度诚恳、表达含蓄、建立友情。"十忌"指与游客沟通中的十大注意事项，包括命令威胁、讽刺挖苦、模棱两可、不着边际、刨根问底、多余劝告、空洞安慰、简单评价、自以为是、吞吞吐吐。

② 与难"对付"游客的沟通。之所以难"对付"，有三个方面的原因：一方面可能他确实有理，要服务人员解决问题，景区员工要正确运用"十法"，按照"合理可能"的原则，予以解决。比如，游客在景区购买的旅游纪念品确有质量问题，要给予调退换等。另一方面可能因为游客情绪激动所至，这时景区服务员要采取"以退为进"的办法，礼貌、诙谐地处理问题。

二、旅游景区游客的文明行为引导

游客存在不文明行为，或者行为不规范，可能导致旅游景区资源破坏和环境污染，造成景观质量下降甚至寿命缩短，严重影响旅游价值和旅游体验，直接威胁旅游景区可持续发展，更有甚者还可能给景区带来灾难性影响，如违章抽烟、野炊等行为很容易引起火灾。游客不文明旅游也会给自己的人身安全带来隐患，败坏游兴，甚至污染其他游客的视觉，破坏旅游氛围。游客的素质有待提高，但长期"惯坏"或者讲"怂恿"游客不良习气的景区理当同样承担责任。如果景区真正按照实际接待能力开放，有足够的力量加强管理，一些不文明的现象完全可以杜绝。培养游客的文明素质除了枯燥地教育，更离不开严格的管理。从某种意义上讲，科学严格地管理，也是培养游客文明意识和良好习惯的重要途径。

（一）引导游客行为的意义

大部分游客存在不文明行为，这些不文明旅游行为从最根本性的危害上看，可能导致旅游景区环境污染。景观质量下降甚至寿命缩短，其最终结果必然是造成旅游景区整体吸引力下降、旅游价值降低。它严重影响和直接威胁着旅游景区（点）的可持续发展。

（二）游客不文明行为的类型分析

游客不文明旅游行为是指游客在景区游览过程中所有可能有损景区环境、景观质量的行为和影响旅游者身心愉悦的相关行为。按照游客不文明行为的性质，可将其分为三类不同的行为。

第一，违章违法行为。在游览过程中不遵守景区有关游览规定的违规活动行为，如乱攀乱爬、乱涂、乱刻、乱画，违章拍照，违章采集，违章野炊、露营，随意给动物喂食、袭击动物、捕杀动物，违章抽烟，燃放爆竹等。

第二，违背社会公德行为。在景区游览过程中随意丢弃各种废弃物的行为，如乱扔废弃物，随地吐痰，不修边幅，在公共场所高声喧哗，上车不排队等。这些行为均是破坏环境、损害别人权益、妨碍别人的不文明行为，在任何文明社会里这些行为均属违反社会公德的错误行为，都要受到谴责。

第三，由于文化差异而引起的失礼行为。它本身不存在对错是非的问题，但有个是否尊重其他国家、其他地区、其他民族的文化习俗的问题。

三、旅游景区游客行为的差异与特征

游客来自不同的地区，有不同的个人背景、心理特征和风俗习惯，其旅游行为也就存在着差异。只有掌握游客的个体特征，景区服务人员才能有针对性提供优质服务。

（一）旅游景区游客行为的差异

1. 游客心理的差异

按照心理学的基本理论，游客心理是指旅游活动中旅游者的感觉、知觉、记忆、思维、情绪、情感、意志以及性栺、能力、需要、动机、兴趣、理想等心理现象。游客的心理对于其行为具有决定性作用，往往是游客行为的主要动力来源。游客中常见的四种心理状态如下。

（1）游客的从众心理。从众心理也是人最为普遍的心理特征，即人总是习惯于跟着前人的足迹前进，而不管道路是否正确。该心理特征占主导地位的人，较为关注身边人们的行为，将周围人们的行为作为自己行为的准则。在旅游景区中，游客的从众心理也对游客的行为产生影响。盲目地跟风和从众心理是旅游景区中某些游客行为屡禁不止的主要原因。

（2）游客的好奇心理。好奇是旅游者最为典型的心理特征之一，求新求异的心理也正是旅游者旅游行为的根本动机。在好奇心理的驱使下，旅游者对于景区内的任何新鲜事物都抱有十分新奇的感觉并且都乐于去尝试。旅游者的这种好奇心理并不具有持续性，在实际旅游过程中，旅游者的好奇心理强度会随着时间和距离的推移而逐步变化。在好奇心强度的波峰处游客较为兴奋容易产生不理智和不文明的行为，对环境和景观资源造成负面影响，因此，在进入景区之前应对游客进行行为教育。

（3）游客的逆反心理。在市场营销过程中，营销主体也经常利用人们的该心理特征吊起消费者的胃口，从而让其主动上钩，例如某些商品的涨价销售、市场的"饥饿疗法"等。景区中旅游者受到逆反心理的影响会做出违反规定的举止，最后游客自己遭受损失，甚至还连累到其他游客。例如游客攀爬坠落、浮桥翻倾等事故也是旅游者不按照常规方式行为的结果。对于此类旅游者，景区应制定严格的游客行为规则，并在重要地段派专人守护。

（4）游客的占有心理。占有欲是每个人都有的普遍心理，从本质上来看，人是利己的动物，因此，每当看见美好事物人总是希望能够将其占为己有。与此同时，人又是拥有自我意识和自我控制的社会个体，所以人可以合理地控制自己的欲望及行为。对于旅游者而言，面对全新的环境和景观，部分旅游者的理智无法控制情感，有意无意地对景区内资源和环境造成破坏。因此，只有通过持续不断的教育并采取一定的强制措施才能保证游客行为方式不受该心理的影响。

2．游客组织旅游的行为差异

游客不同的组织形式对其旅游行为也会产生影响。根据景区内客的组织形式，可以将游客分为团队游客和散客游客。其引导和调控的侧重点也存在不同。

3．团队旅游游客的行为特征

（1）团队游客。团队游客是由旅行社组织并安排的，按照既定的旅游线路、活动日程与内容，进行一日或数日旅游。团队游客的人数一般在十人及以上。

（2）旅行社对团队游客的行为影响。旅行社的职能是招徕和组织旅游者顺利完成旅游活动，为游客提供诸多不容忽视的业务服务，特别是规划旅游线路、提出注意事项、组织导游、提供旅游信息、协调旅游活动关系、代办各项手续。在这过程中，旅行社对游客的行为产生了积极的影响，规范了游客的行为，并引导游客游览。例如，游客在生态旅游景区要注意哪些问题，游客在进入景区之前，旅行社对游客进行了事先交代和引导。

（3）团队游客行为特征。团队游客的行为往往受到较多约束，旅游活动按既定路线和内容进行，行程安排大都比较紧凑，灵活性差，而且一般统一行动，在有限的时间里游览景区核心景点和景观，很难全面、深入地了解、观赏景区的全貌。游客行为在群体中相互约束，相互影响，在从众心理、标新立异等心理的驱动下，游客行为也会表现出一些独特之处。这就需要导游人员利用游客心理特点，调控游客行为。团队游客在景区游览过程中也会有自由活动时间，往往在时间约束等条件的限制下，游览中行色匆匆；活动完结后，在出口或停车场附近慌乱寻找团队等。

4．散客旅游游客的行为特征

（1）自助散客。散客是相对团体而言的自行结伴、自助旅游者，他们根据自己的兴趣或爱好，按照自己的意志自行决定旅游线路和内容。散客的数量限制一般是十人以下。散客通常包括个体出游的游客，小团体结伴出游的游客和家庭出游游客等。

（2）散客行为的弱势。自助式散客一般带有自由式活动倾向，他们往往根据自己的兴趣和爱好，按照自己决定的旅游线路行程，不愿意受到旅游线路的约束和旅游团的制约，虽然事先也经过精心规划和周密安排，但由于经验不够丰富，经常会产生"脱轨"行为。因此，这类游客常常由于缺乏经验和认识，更没有导游的引导，可能在一些地方不知所措而盲目行事，甚至做出越轨行为。

（3）散客游客行为特征。散客旅游是人们突破传统团队的约束，追求个性化行为的表现，具有决策自主性、内容随机性和活动分散性的特点。我国旅游景区中散客旅游者以中青年为主，在景区内的活动不确定因素很多，其行为的调控与管理难度相对较大。❶

（二）旅游景区游客流的特征

旅游流是指游客流，即旅游者的旅游需求，是借助交通工具，从始发地向旅游目的地移动所形成的，具有一定方向和一定数量的人群移动现象。景区游客流的关键性指标包括游客的流动方向（流向）、流动速度（流速）、流动强度（流量）和流动质量（流质）。

（1）流向：流向是一个空间概念，主要描述游客的空间跨越方向，反映出游客在空间上的分布特征。这在景区内的游客导览线路引导中有积极作用，只有当需求指向与资源（或产品）相吻合对位时，才能发生实际的旅游位移，如果拥堵就可能产生分流。

---

❶ 刘紫青. 关于生态旅游景区规划问题的探讨 [J]. 福建林业科技，2005，32（4）：188-190.

（2）流速：流速是一个时间概念，主要描述单位时间内的游客流动量（或者是游客在一定空间范围内的滞留时间量），反映出游客在时间上的分布特征。这表现为游客在景区内停留时间的长短。景区一方面总是通过增加旅游项目让游客在景区停留时间更长；另一方面又想方设法在重要景点让游客顺畅通过，避免拥堵现象的出现。

（3）流量：流量是一个时空概念，主要描述单位空间范围内在一定时段内某一空间范围的分布特征，反映一定的客流强度与规模。就是说在景区某一时空通过的游客量，这与景区的游客量有直接关系，它决定了对旅游目的地基础设施、旅游设施和对社区经济、文化和环境施加影响的强度和潜力。

（4）流质：流质是一个质量概念，主要描述游客的结构指标，反映了游客在评价要素指标体系中的分布特征。比如，出游形式不同的游客，游客不同个体的特征等。一个团队中存在不同文化程度、兴趣爱好、年龄段等其流质会受到较大影响。❶

---

❶ 范高明. 旅游景区服务与管理 [M]. 厦门：厦门大学出版社，2012：44-57，73-205.

结束语

　　旅游景区服务是旅游景区规划中一个重要的组成部分。一方面，旅游者来到旅游景区进行旅游活动，就是为了寻求改善精神状态、获取最大的心理满足，达到精神愉快。旅游景区的服务为满足旅游者的这些需求提供保障。另一方面，旅游景区服务的质量关系到游客的满意度，分析景区服务的内容以及影响旅游景区服务质量的各种因素，景区为游客提供高质量的服务意义重大。景区需要针对这些不同内容、影响因素，不断分析总结，确保提供的服务内容能够满足游客的需求，达到景区服务质量的标准。本书通过对我国旅游景区的规划与服务质量的管理进行分析，为旅游产业的发展提供了新思路。

参考文献

[1] 徐静. 旅游景区服务与管理 [M]. 天津：南开大学出版社，2013.

[2] 胡巍. 旅游景区规划与管理 [M]. 北京：清华大学出版社，北京交通大学出版社，2011.

[3] 范高明. 旅游景区服务与管理 [M]. 厦门：厦门大学出版社，2012.

[4] 万剑敏. 旅游景区规划与设计 [M]. 北京：旅游教育出版社，2012.

[5] 王昆欣，牟丹. 旅游景区服务与管理（第 3 版）[M]. 北京：旅游教育出版社，2018.

[6] 李志勇，张成. 旅游景区管理与服务测评体系构建与实证检验 [J]. 统计与决策，2013，（12）：63-66.

[7] 雷红霞. 我国旅游景区服务质量提升策略研究 [J]. 江西社会科学，2016，36（4）：222-226.

[8] 苟自钧. 旅游景区（点）产品营销组合与经营方略 [J]. 经济经纬，2003，（5）：142-144.

[9] 钮志强，丁楠，王小娟. 旅游城市景区交通规划技术方法 [J]. 城市交通，2019，17（2）：84-89.

[10] 席岳婷，魏峰群，马耀峰. 旅游风景区景名规划设计 [J]. 建筑科学与工程学报，2006，23（3）：81-85.

[11] 冯玉珠.旅游景区的餐馆服务与管理 [J].江苏商论，2007，（3）：37-38.

[12] 张雨睛，杨嘉琳.定制旅游景区安全服务管理模式的探索 [J].中国商贸，2011，（12）：146-147.

[13] 刘紫青.关于生态旅游景区规划问题的探讨 [J].福建林业科技，2005，32（4）：188-190.

[14] 蔡伟斌.从景观生态学的角度看自然风景区旅游资源规划 [J].国土与自然资源研究，2003，（1）：62-64.

[15] 刘宝平.浅谈旅游景区的服务创新 [J].中国商论，2020，（16）：98-99.

[16] 王立群，梁媛，王媛.基于消费心理的旅游景区规划及营销策略探析 [J].中国商贸，2010，（29）：147-148.

[17] 杨云鹏，袁光辉，金阳，等.全国 5A 级景区旅游路线规划问题研究 [J].数学的实践与认识，2016，46（15）：74-80.

[18] 李伟，穆红莉.基于信息技术进步的旅游服务创新 [J].科技管理研究，2012，32（13）：200-203.

[19] 谢淑丽.旅游景区环境设施的个性化设计——以西昌邛海公园为例 [J].装饰，2013，（4）：137-138.

[20] 刘学兵，孙晓然.我国旅游景区管理创新探析 [J].中国商贸，2011，（11）：156-157.

[21] 邹统钎.体验经济时代的旅游景区管理模式 [J].商业经济与管理，2003，（11）：41-44.

[22] 刘佳芳，刘纯.景区规划与开发可持续发展的战略选择——以循环经济为视角 [J].改革与战略，2010，26（8）：75-78.

[23] 乌恩.论我国风景区规划中的旅游价值观重构 [J].中国园林，2007，23（4）：18-21.

[24] 闫红霞.旅游景区的生态化建设研究 [J].特区经济,2007,219(4):191-192.

[25] 唐鸣镝.景区旅游解说系统的构建 [J].旅游学刊,2006,21(1):64-68.

[26] 周武忠,朱剑峰.自驾游导向的旅游景区规划研究 [J].东南大学学报(哲学社会科学版),2007,9(5):46-50,55.

[27] 曹珠朵,钱洋,刘先杰.景区详细规划内容深度分析 [J].规划师,2006,22(9):16-18.

[28] 陈喆,翁美莹.景区服务质量研究述评 [J].特区经济,2017,(4):116-118.

[29] 成天娥,曹明明,王珺,等.文化遗产景区解说服务质量对游客的情感和行为影响研究 [J].宁夏社会科学,2018,(3):227-235.

[30] 马彦.论提升景区服务质量的必由之路 [J].江苏商论,2008,(11):84-85.

[31] 何焱.服务设计理念下文化旅游景区系统性开发研究 [J].福建茶叶,2019,41(3):89-90.

[32] 李志勇.旅游景区服务提供效率评价方法——一个低碳经济视角 [J].软科学,2013,27(6):140-144.

[33] 冯晓兵.旅游景区经济联系和空间结构特征分析 [J].国土资源科技管理,2020,37(5):48-58.

[34] 宁志中,王婷,崔明川.中国旅游景区功能演变与用地分类构想 [J].中国土地科学,2020,34(3):58-65.

[35] 罗浩,冯润.论旅游景区、旅游产品、旅游资源及若干相关概念的经济性质 [J].旅游学刊,2019,34(11):116-123.

[36] 洪德慧.旅游景区管理理论与服务实践研究——评中国旅游出版社《旅游景区服务与管理》一书 [J].价格理论与实践,2019(07):164.

[37] 黄燕.试论旅游景区市场化运营完善建议 [J].中国商贸,2011,(26):193-

194，201.

[38] 王春丽 . 旅游景区财务管控机制研究 [J]. 商业会计，2019，（13）：93-95.

[39] 王玉成 . 我国旅游景区管理体制问题与改革对策 [J]. 河北大学学报（哲学社会科学版），2017，42（3）：143-148.

[40] 杜昊 . 文化旅游型小城镇的研学旅行规划策略研究 [D]. 合肥：安徽农业大学，2018：32-47.